rororo sport
Herausgegeben von Bernd Gottwald

Training · Technik · Taktik

Günter Blume

VOLLEYBALL

Mit Bildreihen und Fotos
von Horst Liche

Rowohlt

SPORT rororo

Originalausgabe

Veröffentlicht im Rowohlt Taschenbuch Verlag GmbH,
Reinbek bei Hamburg, September 1977

Lektorat Burghard König
Umschlaggestaltung Peter Wippermann/Jürgen Kaffer
(Foto: Uwe-Christian Düttmann)
Layout Angelika Weinert
Graphik Karin Kasdorf
Satz Times (Linotron 505 C)
Gesamtherstellung Clausen & Bosse, Leck
Printed in Germany
1290-ISBN 3 499 17011 9

118.–120. Tausend Februar 1996

Inhalt

Zeichenerklärung hintere Umschlaginnenseite

Einführung 9

Grundlagenwissen 10
Volleyball – ein Spiel für Freizeit und Wettkampf 10
Der Spielgedanke 12
Das Spielfeld 12
Das Sportgerät 13
Die Spielregeln 14

Training 18
Erläuterung des Begriffs ‹Training› 18
Trainingsplanung 19
Unmittelbare Wettkampfvorbereitung 23

Athletiktraining 27
Allgemeines athletisches Training 27
Krafttraining 28/Ausdauertraining 34/
Schnelligkeitstraining 38/Gewandtheitstraining 39/
Speziell athletisches Training 39
Sprungkrafttraining 40/Schlagkrafttraining 42/
Gewandtheitstraining 46/Schnelligkeits- und
Reaktionstraining 48

Techniktraining 57
Das obere Zuspiel 58
Technikbeschreibung 58
Oberes Zuspiel nach vorn 58/Oberes Zuspiel über den Kopf 62/Oberes Zuspiel der kurzen Pässe 63
Oberes Zuspiel im Abrollen 64
Übungsformen 66
Fehler und Korrekturhilfen 70
Taktische Hinweise 71
Das untere Zuspiel 72
Technikbeschreibung 72
Übungsformen 74
Fehler und Korrekturhilfen 77
Taktische Hinweise 77
Die Aufgabe 78
Technikbeschreibung 79
Untere Frontalaufgabe 79/Obere Frontalaufgabe 80/Flatteraufgabe 82
Übungsformen 84
Fehler und Korrekturhilfen 85
Taktische Hinweise 86
Die Abwehr der Aufgabe 86
Technikbeschreibung 88
Übungsformen 90
Fehler und Korrekturhilfen 94
Taktische Hinweise 95
Der Angriffsschlag 95
Technikbeschreibung 96
Übungsformen 99
Fehler und Korrekturhilfen 102
Taktische Hinweise 102
Der Block 103
Technikbeschreibung 104
Übungsformen 106
Fehler und Korrekturhilfen 114
Taktische Hinweise 115
Die Feldabwehr 115
Technikbeschreibung 116
Übungsformen 120

Fehler und Korrekturhilfen 125
Taktische Hinweise 125

Taktiktraining 127
Vorbemerkungen 127
Funktion der Spieler 128
Zusammenstellung einer Mannschaft 130
Spielsysteme 131
Angriffssysteme 132
Abwehrsysteme 138
Übungen zum Erlernen und Vervollkommnen von Gruppen- und Mannschaftshandlungen 147
Wettkampfbetreuung 155
Psychologische Vorbereitung 157
Psychische Anforderungen im Wettkampf 157
Motivation für Training und Wettkampf 159

Tests und Leistungskontrollen 163
Tests im Bereich der allgemeinen Konditionierung 164
Tests im Bereich der speziellen Konditionierung 167
Tests im Bereich der Technik 171

Anhang 182
Anschriften 182
Spielklassen 184
Über den Verfasser 185
Literaturhinweise 186
Sachregister 188

Einführung

Das vorliegende Buch ist ein Übungs- und Lehrbuch für aktive Volleyballspieler und Lehrer oder Trainer. Es zeigt, wie man diese Sportart systematisch erlernen und trainieren kann. Die zahlreichen Abbildungen helfen dem Aktiven, sich schulmäßige Bewegungsabläufe einzuprägen, und dem beobachtenden Lehrer, eventuelle Bewegungsfehler zu korrigieren. Insofern wäre der Eindruck trügerisch, man könne allein mit Hilfe dieses Buchs das Volleyballspiel erlernen. Vielmehr gehört es in die Hand einer Gruppe/Mannschaft *und* des Lehrers/Trainers.

Ferner orientiert sich das Buch an dem Spitzensport. So gehören alle Darsteller auf den Fotos zu einer Spitzenmannschaft, dem Hamburger Sport-Verein; einige von ihnen sind Nationalspieler. Dadurch sollte aber der sich nicht den Mut nehmen lassen, der Volleyball als Ausgleichssport betreiben will. Denn die Technik des Spiels ist prinzipiell für alle gleich; es kommt lediglich darauf an, die Trainingsprogramme auf das erwünschte Niveau zu reduzieren und vom Einfachen zum Schwierigen zu gehen. Andererseits wird der ambitionierte Wettkampfspieler genügend Anregungen finden, wie er seine Leistungen verbessern kann.

Grundlagenwissen

Volleyball – ein Spiel für Freizeit und Wettkampf

Volleyball, was soviel heißt wie *Flugball*, ist ein faszinierendes Mannschaftsspiel, das in die Gruppe der Rückschlagspiele gehört. Wie alle anderen Sportspiele ist Volleyball seinem Charakter nach ein leistungsbetontes Kampfspiel, das von zwei Mannschaften ausgetragen wird. Entwickelt wurde es unter der Bezeichnung *Mintonette* 1895 von dem Amerikaner W. G. Morgan am Holyoke College (Mass.); es diente zunächst als winterlicher Ausgleichssport und wurde noch mit einer Basketballblase über ein 1,83 m hohes Tennisnetz gespielt. J. Halsted vom Springfield College, in dem Basketball entwickelt wurde, gab dem Spiel seinen Namen, der von englisch ‹*volley*› (Flug) abgeleitet ist.
Über Nordamerika und Asien (1900 in Indien) kam das Spiel nach Europa (ab 1917). Internationale Bedeutung erlangte Volleyball nach dem 2. Weltkrieg, als besonders osteuropäische Staaten wie die UdSSR, Polen und Bulgarien sowie Japan und Korea die Technik des Spiels modernisierten. 1952 wurde es in den Veranstaltungskalender der Weltjugendfestspiele in Berlin (DDR) aufgenommen, was die Popularität des Spiels förderte. Denn es gab zwar in vierjährigem Abstand seit 1948 Europameisterschaften der Herren (Damen: seit 1949) und seit 1949 Weltmeisterschaften der Herren (Damen: seit 1952); aber erst seit 1964 steht Volleyball auf dem olympischen Programm.

Damit hat das Spiel seinen endgültigen Durchbruch erreicht. Hinter Basketball zählt es heute mit über 70 Millionen Aktiven zu den populärsten Sportarten der Welt. Inzwischen werden Welt- und Europapokale ausgespielt mit National- und Clubmannschaften.
In der Bundesrepublik wurde Volleyball besonders nach dem olympischen Turnier 1972 in München populär. Seitdem hat der Deutsche Volleyball-Verband (DVV), die in Frankfurt ansässige Spitzenorganisation, die höchsten Mitgliederzugänge aller Sportverbände zu verzeichnen.
Volleyball als *Freizeitbetätigung* ist für all diejenigen geeignet, die sich einem gemeinsamen Ziel unterordnen, andererseits aber eigene Entscheidungen treffen wollen. Die Leistung des einzelnen, das heißt seine Handlungen und Bewegungen, ist nicht zuletzt von der Leistung seiner Mitspieler abhängig. Blitzschnell muß sich die gesamte Mannschaft in jeder Spielsituation neu auf den Gegner einstellen. Der schnelle Wechsel der Situation erfordert vom Spieler Bewegungsreichtum und Spielintelligenz, da das Spiel nicht nach einem vorher festgelegten Schema abläuft. Besonders für das präzise Spielen des Balls ist ein ausgeprägtes Bewegungsempfinden notwendig.
Volleyball hat immer *Wettkampfcharakter* und fordert deshalb jeden Spieler zu höchstem Einsatz auf. Die Elemente des Spiels sind verhältnismäßig leicht zu erlernen; schon nach kurzer Zeit kann es deshalb zum Erfolgserlebnis kommen.
Andererseits bietet das Volleyballspiel für die ganze Familie aktive Erholung; denn es ermöglicht wie kaum eine andere Sportart, die Mannschaft unabhängig von Alter und Geschlecht zusammenzustellen. Zudem besteht nur eine geringe Verletzungsgefahr, da kein direkter körperlicher Kontakt mit dem Gegner vorhanden ist.
Ein Volleyballfeld ist schnell aufgebaut und unabhängig von den Bodenverhältnissen fast überall bespielbar – auf der grünen Wiese, am Strand, auf dem Hinterhof. Letztlich ist Volleyball kein Spiel, das ins Geld geht. Netz, Ball, zweckmäßige Bekleidung – mehr braucht man nicht, um Freude an diesem familiengerechten Lifetime-Sport zu gewinnen.

Der Spielgedanke

Der Spielgedanke wird dadurch bestimmt, daß ein Ball durch einen Schlag aus dem Aufgaberaum über das Netz hinweg in das gegnerische Feld und somit in das Spiel gebracht wird. Die andere Mannschaft nimmt den Ball an und versucht, ihn zurückzuschlagen. Jede der beiden Mannschaften ist nun bestrebt, den Ball so zu spielen, daß er in das Feld des Gegners gelangt und dieser den Ball nicht mehr zurückschlagen kann. Damit wäre ein Punkt oder Ballgewinn erreicht. Aufgrund der Tatsache, daß der Ball den Boden nicht berühren darf, bedarf es besonderer Techniken, die es ermöglichen, den Ball in der Luft zu halten.

Das Spielfeld

Das Spielfeld wird durch zwei 18 m lange Seitenlinien und zwei 9 m lange Grundlinien begrenzt. Eine Mittellinie teilt es in zwei Quadrate. Parallel zur Mittellinie verläuft im Abstand von 3 m je eine Angriffslinie, die die Angriffszone festsetzt. Durch die um 15 cm verlängerte Seitenlinie und eine im Abstand von 3 m angebrachte Hilfslinie ist an der Grundlinie rechts der Aufgaberaum markiert; er bleibt nach hinten offen. – Alle Markierungslinien sind 5 cm breit.
Auf der gedachten Verlängerung der Mittellinie stehen in einem Abstand von mindestens 1 m von der Seitenlinie die beiden Netzpfosten. Sie halten das Netz, dessen obere Netzkantenhöhe 2,43 m für Männer und 2,24 m für Frauen betragen muß. Das Netz selbst ist 1 m hoch und 9,50 m breit. In einer Höhe von 7 m und einem Umkreis von 2 m muß das Spielfeld frei von jedem Hindernis sein. Antennenstäbe, die vom Ball und von den Spielern nicht berührt werden dürfen, sind am Netz in Höhe der Seitenlinie angebracht. Sie überragen das Netz um 80 cm und haben einen Durchmesser von 1 cm. Im Abstand von 10 cm sind sie unterschiedlich gekennzeichnet.
Auf einer Seite des Spielfelds befindet sich ein Turm für den 1. Schiedsrichter. Auf der gegenüberliegenden Seite halten sich der 2. Schiedsrichter und der Anschreiber auf.
In Asien hat das Spielfeld andere Ausmaße. Die Spielfeldlänge beträgt hier 22 m, die Breite 11 m und die Netzhöhe 2,30 m.

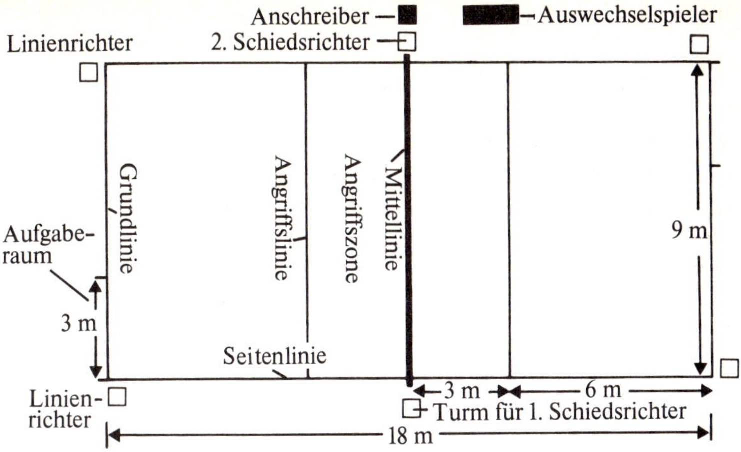

Das Sportgerät

Zum Sportgerät gehören der Ball und die Kleidung, welche – wie das Spielfeld – materielle Voraussetzung für das Volleyballspiel sind. Der Ball ist aus weichem Leder und soll möglichst einfarbig sein; ein helles Beige eignet sich sehr gut. Er muß 250 bis 280 Gramm schwer sein; der Umfang beträgt 65 bis 67 cm. Der Luftdruck soll 0,55 kp/cm^2 betragen. – Sämtliche Daten sind vor Spielbeginn vom Schiedsrichter zu überprüfen.

Die Spielkleidung des Volleyballspielers besteht aus Trikot, kurzer Sporthose, Sportschuhen und Socken; sie soll einheitlich sein. Unzulässig sind Schuhe, die mit Stollen, Nägeln oder Absätzen versehen sind. Außerdem darf kein Schmuck oder andere Gegenstände getragen werden, die Ursache von Verletzungen werden können. Speziell für den Sport vorgesehene Brillen mit festschließenden Bügeln und unzerbrechlichen Gläsern rutschen beim Spiel nicht vom Kopf und schützen vor Augenverletzungen.

Die Trikots der Spieler zeigen auf Brust und Rücken Nummern, die während des Spiels nicht gewechselt werden dürfen. Das Trikot des Mannschaftskapitäns ist auf der linken Brustseite mit einem Streifen gekennzeichnet.

Die Spielregeln

Mannschaft
Jede Mannschaft besteht aus sechs Spielern (in Asien sind es neun), von denen drei als Netz- und drei als Grundfeldspieler fungieren (siehe dazu auch den Abschnitt *Funktion der Spieler,* S. 128).
Das Volleyballfeld ist in sechs Zonen eingeteilt; diese bestimmen auch die Positionen der Spieler. In jeder Mannschaft sind sechs Auswechselspieler zugelassen.

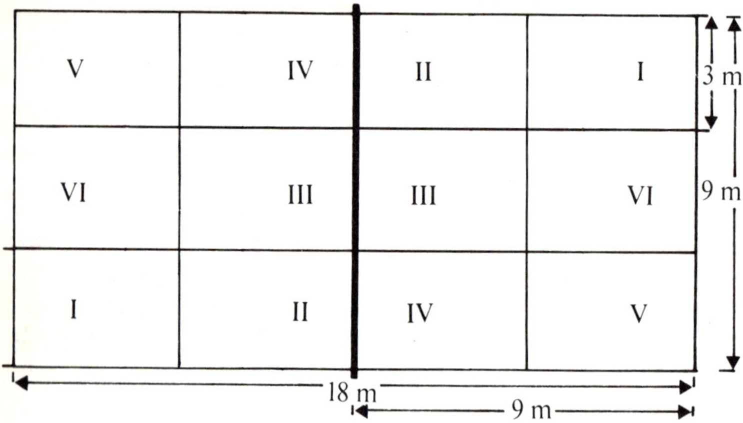

Aufschlag
Der mit der Aufgabe beginnende Spieler gibt den Ball aus dem markierten Aufgaberaum so lange auf, bis er oder ein anderer Spieler seiner Mannschaft einen Fehler begeht. Danach bekommt die gegnerische Mannschaft den Ball zur Aufgabe.
Der Wechsel der Aufgabe zum Gegner ist verbunden mit einem Aufstellungswechsel; dabei wechselt die Mannschaft im Uhrzeigersinn eine Position weiter. Der Spieler von Position I geht zur Position VI, Position II auf I usw.
Während der Aufgabe müssen in beiden Mannschaften die Netzspieler vor ihren jeweiligen Grundspielern stehen: Der Spieler auf Position IV steht vor dem Spieler von Position V usw. Das Regle-

ment sieht ferner vor, daß die Spieler ihre Positionen nicht mit ihrem Nebenspieler tauschen dürfen. Der Spieler auf Position I steht also immer rechts vom Spieler auf Position VI, der Spieler auf Position V immer links vom Spieler auf Position VI. Dies gilt auch für die Vorderreihe.

Punktgewinn
Die jeweils aufgebende Mannschaft ist in der Lage, Punkte zu erzielen, wenn die Gegenmannschaft fehlerhafte Handlungen begeht. Solche fehlerhafte Handlungen sind:

- Bodenberührung des Balls innerhalb oder außerhalb des Spielfelds
- Fangen, Halten, Ziehen oder Werfen des Balls anstelle der geforderten Zuspieltechniken
- doppelte Ballberührung unmittelbar hintereinander durch denselben Spieler
- Ballberührungen mit einem Körperteil unterhalb der Hüfte
- Berühren des Netzes oder der Antenne durch einen Spieler
- mehr als dreimalige Ballberührung innerhalb einer Mannschaft mit Ausnahme der Blockberührung (nach Berührung des Balls durch den Block sind drei weitere Berührungen möglich)
- Berühren des Balls von Fremdkörpern einschließlich der Antenne

Spieldauer
Ein Spiel ist beendet, wenn eine Mannschaft drei Sätze gewonnen hat. Ein Satz ist gewonnen mit 15 Punkten, wobei eine Differenz von mindestens zwei Punkten zum Gegner vorhanden sein muß.

Auswechseln
Jede Mannschaft kann in jedem Satz sechs Auswechslungen vornehmen. Diese werden beim 2. Schiedsrichter durch Zeichen beantragt und müssen ohne Zeitverzug erfolgen. Dazu kommen beide Spieler zum Angriffsraum in Höhe des 2. Schiedsrichters, wobei der einzuwechselnde Spieler über den Angriffsraum zu seiner Position geht.
Beim Auswechseln ist zu beachten, daß in einem Satz nur jeweils ein Spieler für einen anderen eingewechselt und für denselben wieder ausgewechselt werden kann.

Auszeit
Jeder Mannschaft stehen in einem Satz zwei Auszeiten von je 30 Sekunden Länge zu. Nach Abpfiff infolge eines Fehlers kann sie vom Trainer oder Kapitän bei einem der beiden Schiedsrichter durch Handzeichen beantragt werden.

Schiedsgericht
Jedes Wettspiel wird vom 1. Schiedsrichter geleitet, dem ein 2. Schiedsrichter, vier Linienrichter und ein Anschreiber zur Seite stehen.

Der 1. Schiedsrichter leitet das Spiel; ihm sind alle Kampfrichter unterstellt. Zu seinen Funktionen gehört, die Spielanlage auf ihren ordnungsgemäßen Zustand zu überprüfen. Er muß die Kapitäne um das Recht der ersten Aufgabe und um den Spielball losen lassen. Er gibt das Spielfeld zum Einspielen frei und beendet die Einspielzeit. Vor Spielbeginn überzeugt er sich, ob die Kampfrichter an ihrem Platz und der Anschreiber fertig sind. Er muß das Spiel anpfeifen und jede Aufgabe und jeden Fehler durch einen Pfiff bekanntgeben. Die Art der Fehler wird durch Zeichen erklärt.
Weiterhin ahndet er Unsportlichkeiten der Spieler. Leichte Unsportlichkeiten wie absichtliche Spielverzögerung oder Wortwechsel mit einem Gegner oder Kampfrichter werden durch eine Ermahnung, das heißt durch Zeigen der gelben Karte geahndet. Ernsthafte Unsportlichkeiten, wenn zum Beispiel ein Spieler wegen eines Verstoßes bereits ermahnt worden ist, verwarnt der 1. Schiedsrichter durch Zeigen der roten Karte. Für wiederholte ernsthafte Unsportlichkeiten kann ein Feldverweis für einen Satz oder das restliche Spiel verhängt werden. Dann werden die gelbe und die rote Karte gleichzeitig gezeigt. Hierbei muß der 1. Schiedsrichter den Kapitän der betreffenden Mannschaft von seiner Entscheidung in Kenntnis setzen. Zu den Aufgaben des 1. Schiedsrichters gehört ferner die Durchführung von Spielerwechsel und Auszeiten sowie das Prüfen des Spielberichtsbogens. Diesen muß er dann als letzter unterzeichnen.
Der 2. Schiedsrichter achtet auf Übertreten der Mittellinie, auf Antennenberührung des Balls oder der Spieler sowie auf Netzberührungen an der Netzunterkante, nimmt die Zeit bei den Auszeiten, überwacht die Aufstellung der annehmenden Mannschaft bei

jeder Aufgabe, macht den 1. Schiedsrichter auf Unsportlichkeiten aufmerksam, vergleicht vor Beginn jedes Satzes die Aufstellung der Mannschaften mit den Eintragungen im Spielberichtsbogen und zeigt Berührungen des Balls mit fremden Gegenständen an. Weitere Aufgaben können ihm vom 1. Schiedsrichter übertragen werden.
Der Anschreiber trägt die Namen aller Spieler in den Spielberichtsbogen ein, vermerkt während des Spiels die erzielten Punkte sowie Auszeiten, Spielerwechsel und Mannschaftsaufstellung. Er überwacht während des Spiels die richtige Reihenfolge der Aufgaben. Der Anschreiber muß den Trainern bekanntgeben, wie viele Auszeiten bzw. Spielerwechsel im laufenden Satz bereits beansprucht wurden. Dies erfolgt meist über den 2. Schiedsrichter.
Zu den Aufgaben der Linienrichter gehört, die Fahne zu heben, wenn der Ball ‹aus› ist, und sie zu senken, wenn der Ball im Feld ist. Weiterhin zeigen sie dem 1. Schiedsrichter Fehler bei der Aufgabe, Berührungen des Balls mit der Antenne bzw. Passieren ober- oder unterhalb der gedachten Verlängerung der Antenne und Ballberührung eines Spielers an, bevor der Ball ins Aus geht.

Training

Erläuterung des Begriffs ‹Training›

Bevor über die Durchführung des sportlichen Trainings im einzelnen gesprochen wird, folgt eine kurze Erläuterung des Begriffs Training und zur Zielsetzung des Volleyballtrainings.
Unter *Training* versteht man planmäßiges Üben zur Steigerung der Körperfunktionen mit dem Ziel der individuellen oder absoluten Höchstleistung. Die Höchstleistung wird durch gezielte körperliche Belastung erreicht, der sich der Organismus so anpaßt, daß eine Leistungssteigerung erzielt wird.
Unter sportlichem Training versteht man im weiteren Sinne die planmäßige Vorbereitung von Sportlern auf einen Wettkampf. Im engeren Sinne umfaßt es sowohl die individuelle als auch die mannschaftliche Vorbereitung im technischen, taktischen, athletischen und psychischen Bereich. Diese wird gewährleistet durch physische Belastung, wobei im Volleyball auch die Spielgestaltung einbezogen ist.
Ziel des sportlichen Trainings besteht im Volleyball darin, die Spielleistung zu erhöhen. Voraussetzung dazu ist planmäßiges, systematisches Üben der Leistungsfaktoren Athletik, Technik, Taktik und der Psyche. Das Zusammenwirken dieser vier Leistungsfaktoren gibt den Ausschlag für die sportliche Leistung im Wettkampf.

Trainingsplanung

Unter Trainingsplanung versteht man einen logisch aufgebauten (schriftlichen) Entwurf, der zum einen konkrete Ziele und Aufgabenstellungen enthält, zum anderen den Lösungsweg aufzeigt, wie die Ziele und Aufgaben verwirklicht werden sollen.
Ziele und Aufgaben einer Mannschaft richten sich nach dem Leistungsniveau und dem Zeitraum, in dem sie erreicht werden sollen.
Für den Aufbau einer starken Volleyballmannschaft sind vier Faktoren zu beachten, die entscheidend das Niveau eines Teams beeinflussen:

1. physische Stärke
2. Technik
3. Taktik
4. psychische Stärke

Diese vier Faktoren, die die Leistung der einzelnen Spieler und der gesamten Mannschaft maßgeblich bestimmen, sind in der Trainingsplanung entsprechend zu berücksichtigen. Nur dann ist eine sinnvolle Dosierung des Trainingsumfangs und der Trainingsintensität zu erreichen.
In der Praxis des Volleyballtrainings hat sich das zyklische Training durchgesetzt. Üblich ist dabei, einen Ein-Jahres-Zyklus-Plan aufzustellen.
Das Trainingsjahr umfaßt vier große Abschnitte, die man Perioden nennt. Jede Periode ist in einzelne Zyklen von vier bis sechs Wochen unterteilt, die sich wiederum in siebentägige Abschnitte gliedern lassen. Zum Wochenplan zählen dann die einzelnen Trainingstage.
Das Wesentliche einer zyklischen Trainingsplanung liegt darin, daß in den einzelnen Abschnitten bestimmte Schwerpunkte in der Trainingsarbeit gesetzt werden.
Die vier Perioden des Jahresplans sind:

1. Übergangsperiode
2. Vorbereitungsperiode
3. Vervollkommnungsperiode
4. Wettkampfperiode

Die (1) *Übergangsperiode* liegt zwischen der Wettkampfperiode und der Vorbereitungsperiode. Hier wird in der Regel die Bestandsaufnahme durchgeführt. Stärken und Schwächen einzelner Spieler und der Mannschaft in technischer, taktischer, athletischer und

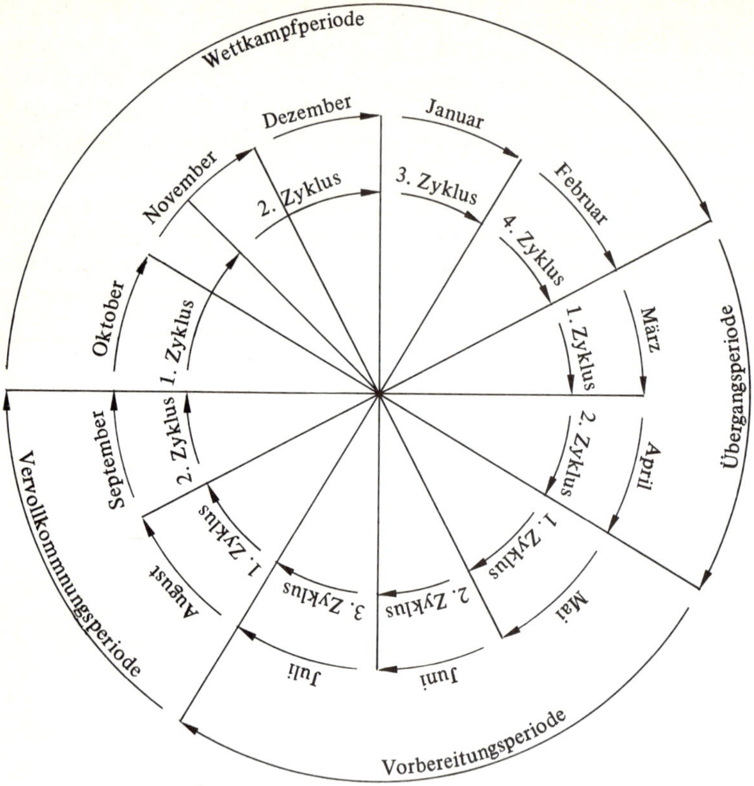

Periodisierung des Jahrestrainingsplans

psychischer Hinsicht müssen erkannt und in der Planung entsprechend berücksichtigt werden.
Die (2) *Vorbereitungsperiode* dient hauptsächlich der athletischen Ausbildung der Spieler mit dem Ziel, die physische Leistungsfähigkeit zu verbessern. Das Üben der Grundtechniken findet ebenfalls Beachtung.
In der (3) *Vervollkommnungsperiode* befaßt man sich schwerpunktmäßig mit der speziell athletischen Ausbildung, mit Technik- und Komplexübungen sowie der individuellen Taktik und der Mannschaftstaktik.

Die (4) *Wettkampfperiode* ist der Zeitraum, in dem die Meisterschafts- und Pokalspiele ausgetragen werden. Hier müssen die Spieler den Höhepunkt ihrer physischen und psychischen Verfassung erreicht haben. Da dieser Zeitraum häufig sehr lang ist, gilt es, die Leistungsspitze zu konservieren. Es ist deshalb notwendig, neben dem schwerpunktmäßigen Technik- und Taktiktraining auch ein athletisches Training zu betreiben.
Die nachstehende Tabelle faßt zusammen, welchen prozentualen Anteil das Technik-, Taktik- und Athletiktraining in den einzelnen Perioden durchschnittlich einnimmt.

Periode	athletisches Training	technisch-taktisches Training
Übergangsperiode	50 %	50 %
Vorbereitungsperiode	70 %	30 %
Vervollkommnungsperiode	30 %	70 %
Wettkampfperiode	30 %	70 %

Die Leistungssteigerung wird weitgehend davon abhängen, inwieweit es gelingt, einen optimalen Wechsel zwischen Anspannung und Erholung zu finden. Dabei ist notwendig, daß die Spieler einen bestimmten Rhythmus finden. Positiv wirkt sich die nachstehende Reihenfolge von Trainingsschwerpunkten aus, die sich innerhalb des gesamten Trainingsjahrs wiederholt. Dabei wechseln die Trainings*schwerpunkte* von Woche zu Woche folgendermaßen:
1. Woche: aktive Erholung
2. Woche: athletische Ausbildung
3. Woche: technische Ausbildung
4. Woche: taktische Ausbildung

Unabhängig von der Periode, in der sich die Spieler gerade befinden, wird diese Reihenfolge beibehalten. Es ändert sich nur der prozentuale Anteil von Technik-, Taktik- und Athletikausbildung am Trainingsumfang.
Die nachstehende Tabelle gibt je ein Beispiel für die Übergangs- und Vorbereitungsperiode.

Übergangsperiode	**Vorbereitungsperiode**
50 % Technik/Taktik, 50 % Athletik	30 % Technik/Taktik, 70 % Athletik
1. Woche aktive Erholung 40 % vielseitige Ausbildung (befassen mit anderen Sportarten) 20 % allgemeine athletische Ausbildung 10 % speziell athletische Ausbildung 20 % Technik 10 % Taktik	*1. Woche* aktive Erholung 40 % vielseitige Ausbildung 20 % allgemeine athletische Ausbildung 20 % speziell athletische Ausbildung 20 % Technik/Taktik
2. Woche athletische Ausbildung 60 % allgemeine athletische Ausbildung 10 % speziell athletische Ausbildung 20 % Technik 10 % Taktik	*2. Woche* athletische Ausbildung 100 % allgemeine athletische Ausbildung
3. Woche technische Ausbildung 60 % Technik 10 % Taktik 15 % allgemeine athletische Ausbildung 15 % speziell athletische Ausbildung	*3. Woche* technische Ausbildung 30 % Technik 10 % Taktik 30 % allgemeine athletische Ausbildung 30 % speziell athletische Ausbildung
4. Woche taktische Ausbildung 60 % Taktik 10 % Technik 15 % allgemeine athletische Ausbildung 15 % speziell athletische Ausbildung	*4. Woche* taktische Ausbildung 30 % Taktik 10 % Technik 30 % allgemeine athletische Ausbildung 30 % speziell athletische Ausbildung

Unmittelbare Wettkampfvorbereitung

Im Bereich des Wettkampfsports – sowohl des Spitzen- und Leistungssports als auch bei Wettkämpfen auf unterer Ebene – gibt es Situationen, die den Übungsleiter oder Trainer zwingen, von der kontinuierlichen Ausbildung, wie sie der Jahrestrainingsplan garantiert, abzuweichen; denn die Spieler sollen zu einem bestimmten Zeitpunkt eines Jahrs ihren Leistungshöhepunkt erreichen. Solche Leistungshöhepunkte werden angestrebt, wenn es darum geht, bei besonderen Wettkämpfen erfolgreich abzuschneiden, etwa bei Endrunden zur Deutschen Meisterschaft, Europameisterschaften, Auf- und Abstiegsspiele, Endrundenspiele bei «Jugend trainiert für Olympia» o. ä.

Die sportliche Vorbereitung auf derartige Höhepunkte wird nach einem gesonderten Plan durchgeführt, der im folgenden mit unmittelbarer Wettkampfvorbereitung (*UWV*) bezeichnet wird. Die Zielsetzung einer unmittelbaren Wettkampfvorbereitung liegt darin, die Spieler zu einem *bestimmten* Wettkampf in einer Saison zur sportlichen Bestform zu bringen. Der Aufbau einer solchen Bestform ist zeitlich begrenzt; in der Regel kommt es danach zu einem Leistungsabfall.

Leistungshöhepunkte können innerhalb eines Jahrs nicht beliebig oft erreicht werden. Richtwerte sind ein- bis maximal dreimal im Jahr.

Die sportliche Bestform wird bestimmt durch einzelne Faktoren wie

- Gesundheitszustand
- allgemeine körperliche Leistungsfähigkeit
- speziell körperliche Möglichkeiten
- Kondition und Belastungsfähigkeit
- psychische Stabilität
- technisches Können
- Taktik
- Teamgeist

Das Erreichen der sportlichen Höchstform verlangt ein hohes Niveau aller oben angeführten Leistungskomponenten. Dabei gilt als Faustregel:

Je höher die Ausgangsleistung, desto höher die Bestform.

Im Rahmen einer unmittelbaren Wettkampfvorbereitung ist eine nennenswerte Steigerung der einzelnen Faktoren kaum zu erwarten. Die Hauptreserven zur Steigerung der Leistung liegen eindeutig im psychisch-moralischen Bereich. Deshalb ist es sinnvoll, während dieser Zeit nicht an der Beseitigung von technischen Fehlern zu arbeiten, sondern vielmehr die Stärken in technischer und taktischer Hinsicht auszubauen.

Die Aufgaben der *UWV* sind:

1. geistige Vorbereitung auf den Wettkampf
2. Aufbau der Belastung
3. technisch-taktische Vorbereitung
4. Wettkämpfe

Bevor zu den einzelnen Punkten der *UWV* Stellung genommen wird, folgen einige wesentliche Hinweise zur Organisation.

Die Durchführung einer *UWV* sollte unter Trainingslagerbedingungen erfolgen, das heißt, die Mannschaft ist an einem Ort zusammengezogen und trainiert täglich. Für genügend Nachtschlaf, gute Verpflegung und hinreichende Freizeitbeschäftigung muß gesorgt werden. Die Aufgaben für die Leitung müssen exakt festgelegt werden, wobei die Leitungsarbeit unbedingt von der Mannschaft zu trennen ist. Die Mannschaft bleibt eine Gruppe für sich.

Je nach dem zu erwartenden Leistungshöhepunkt sind die unmittelbaren Wettkampfvorbereitungen von drei bis acht Wochen zu treffen.

Im einzelnen hat die *UWV* folgende Aufgaben zu erfüllen:

Zu 1: geistige Vorbereitung auf den Wettkampf

Das Hauptziel besteht darin, den Spielern möglichst viele Kenntnisse vom bevorstehenden Wettkampf zu vermitteln. Diese Informationen müssen sachlich und so früh wie möglich gegeben werden. Dazu gehören die Einstellung auf Gegner, Schiedsrichter, Publikum, Halle usw. Die Zielstellung für den Wettkampf muß realistisch sein, und jeder Spieler sollte sich mit dieser Zielstellung identifizieren.

Spannungen innerhalb der Mannschaft müssen beseitigt werden. Dazu gehört, daß die Nominierung der Stammspieler so zeitig wie möglich erfolgt.

Wichtigste Aufgabe in diesem Bereich ist das Erzielen einer ‹Hochstimmung›. Die Spieler müssen Selbstvertrauen besitzen, das sich auf Gewißheit des individuellen Könnens und auf gute Vorbereitung gründet.

Zu 2: Aufbau der Belastung
Der Aufbau der Belastung ist das Kernstück der sportpraktischen Vorbereitung. Die Belastung erfolgt in fünf Phasen.
1. Phase: 1. bis 2. Woche – gründliche Erholung (aktiv gestalten) – Beginn der allgemein athletischen Ausbildung, insbesondere der Ausdauer und Kraft; mittlerer Umfang
2. Phase: 3. bis 4. Woche – speziell athletische Ausbildung – Beginn des Techniktrainings; steigender Umfang
3. Phase: 5. bis 6. Woche – technische Festigung (Sicherheit!); hoher Umfang, wenig Intensität
4. Phase: 7. Woche – taktische Vorbereitung; hohe Belastung, aber der Umfang sinkt bei steigender Intensität

In der Praxis hat sich bewährt, daß der Trainingsumfang sein Maximum drei bis vier Wochen vor dem Wettkampf erreicht. Die Intensität hat ihren maximalen Wert ein bis zwei Wochen vor dem Wettkampf.
Wesentlich für den Erfolg sind Grenzbelastungen durch *Belastungsstöße*, die zehn bis vierzehn Tage vor dem Wettkampf erfolgen sollen. In den letzten drei bis vier Tagen müssen der Umfang verringert und eine hohe Intensität beibehalten werden. Ein bis zwei Tage vor dem Wettkampf setzen kleine, kurze Belastungen in Spielform ein. Solche Spielformen werden trainiert, und es erfolgen kleine speziell athletische Stöße. Im Vordergrund stehen die Abwechslung und ein relativ hoher Grad an aktiver Erholung.
Einige wesentliche Merksätze zur athletischen Vorbereitung sind:
- Vermeiden von Unfällen;
- Speziell athletisches Training immer in Verbindung mit Technik;
- Anpassung an die Belastung des Wettkampfs;
- Anpassung an den Zyklus des Wettkampfs;
- letzte Phase der *UWV* (drei bis vier Tage) von Ermüdungserscheinungen fernhalten;
- Schnelligkeit, Explosivität in den Vordergrund stellen.

Zu 3: technisch-taktische Vorbereitung
In diesem Bereich liegt die Schwerpunktarbeit in der Schaffung der technischen Sicherheit in allen Elementen des Spiels und in der Vervollständigung der Spielkonzeption. Als Hauptpunkte gelten:

- Vervollkommnung und Festigung der Elemente, die für die Spielkonzeption wesentlich sind. Daraus leitet sich ab, daß spezielle Elemente trainiert werden, die für den Wettkampf spielentscheidenden Charakter haben.
- Ausbau von Stärken; dabei aber nicht zu viele, sondern höchstens zwei Elemente schwerpunktmäßig trainieren.
- ein bis zwei Spieler mit besonderen Aufgabenstellungen arbeiten und individuell trainieren lassen.
- Mobilisierung der technisch-taktischen Reserven.
- den Spielern die Spielkonzeption schriftlich geben.

Zu 4: Wettkämpfe
Im Rahmen der unmittelbaren Wettkampfvorbereitung sind Wettkämpfe notwendig, um eine Überprüfungsmöglichkeit der Wettkampffestigkeit in der Spielkonzeption zu erhalten. Dabei ist stets zu beachten, daß

- sich die Spiele in die Konzeption einordnen und mit dem Ziel geführt werden, eine komplexe Wettkampfleistung zu erzielen; es geht dabei folglich nicht um Gewinnen oder Verlieren.
- die Wettkämpfe für die Spieler echte Aufgaben enthalten.
- die Auswahl der Wettkampfgegner so getroffen wird, daß der Gegner gleich stark oder stärker ist.
- bei schwachen Gegnern schwierige Aufgaben gestellt werden.

Athletiktraining

Das technische und taktische Können eines Volleyballspielers wird maßgeblich durch die Komponenten Kraft, Ausdauer, Schnelligkeit, Gewandtheit und Beweglichkeit beeinflußt. Sie können sowohl allgemeinen als auch speziellen Charakter haben. Dabei ist das allgemeine athletische Training stets als Grundlagentraining für die speziell athletische Ausbildung zu betrachten. Das heißt in der Praxis:

- je größer die Leistung im allgemeinen athletischen Bereich, desto breiter das Fundament für die speziell athletische Ausbildung.

Allgemeines athletisches Training

Das allgemeine athletische Training umfaßt den gesamten Komplex der Grundlagenausbildung im Bereich Kraft, Ausdauer, Schnelligkeit und Gewandtheit. Um Spitzenleistungen im Volleyballsport erbringen zu können, sollte man bereits im Kindes- oder Jugendalter mit dem allgemeinen athletischen Training beginnen und versuchen, möglichst hohe Leistungen in diesem Bereich zu erzielen. Doch auch für Jugendliche und Erwachsene, die sich nicht dem Leistungsvolleyball zuwenden, kann das Training in diesem Bereich Freude und Zufriedenheit durch sportliche Leistung bringen.

Krafttraining

Ziel des Krafttrainings besteht für den Volleyballspieler darin, die Komponenten Schnellkraft und Kraftausdauer weiterzuentwickeln.

Die *Schnellkraft* ist die entscheidende Grundlage für ein dynamisches Volleyballspiel. Sie bestimmt maßgeblich das Sprung- und Schlagvermögen des Spielers. Schnelle Bewegungen in Angriff und Abwehr setzen eine solide Ausbildung der Schnellkraft voraus.

Die Entwicklung der Schnellkraft kann zum einen durch Steigerung des Kraftpotentials, zum anderen durch Erhöhen der Geschwindigkeit der Muskelkontraktion erreicht werden. Spieler, die in der Bewegung langsam sind, aber über sehr viel Maximalkraft verfügen, werden überwiegend im Bereich der Schnelligkeit trainiert. Schnelle Spieler werden, um ihre Leistungen zu erhöhen, überwiegend das Krafttraining im Sinne der Steigerung der Maximalkraft durchführen müssen.

Die *Kraftausdauer* verhindert bei der ständig ausdauernden Kraftleistung während des Volleyballspiels vorzeitige Ermüdungserscheinungen, so daß das Spielniveau bis zum Ende eines Wettkampfs gehalten, das heißt ein physischer Leistungsabfall verhindert wird.

Das Training der Kraftausdauer ist so angelegt, daß sowohl im Bereich der Kraftentwicklung als auch im Bereich des Ausdauervermögens Steigerungen erzielt werden. Alle Übungsformen, die mit zusätzlichen Gewichten zur Entwicklung der Maximalkraft, der Schnellkraft und der Kraftausdauer durchgeführt werden, zählen zum Training der Kraftentwicklung.

Bevor jedoch der Sportler dazu übergeht, mit großen Gewichten durch Hilfsgeräte wie Hanteln, Sandsäcke usw. zu arbeiten, ist es notwendig, die Muskulatur so weit vorzubereiten, daß Schäden vermieden werden.

Die Vorbereitung der Muskulatur auf einen großen Krafteinsatz kann dadurch erfolgen, daß die zu absolvierenden Übungen in steigender Anzahl zuerst nur mit dem eigenen Körpergewicht durchgeführt werden. Das hat zusätzlich den Vorteil, daß auch der Bewegungsablauf richtig ausgeführt wird.

Trainingsbeispiele zur Entwicklung der Kraft mit Überwinden des eigenen Körpergewichts sowie mit Überwinden von Zusatzlasten

1. Programm

1. Hochstrecksprünge 20- bis 30mal
2. Klimmzüge (maximale Anzahl)
3. Klappmesser (maximale Anzahl)
4. Liegestütze (maximale Anzahl)
5. Hochweitsprünge auf einer Strecke von 9 m
6. Rumpfheben aus der Bauchlage (maximal)
7. Rumpfheben aus der Rückenlage (maximal)
8. Kosakentanz vorlings (maximal)

1

2

3

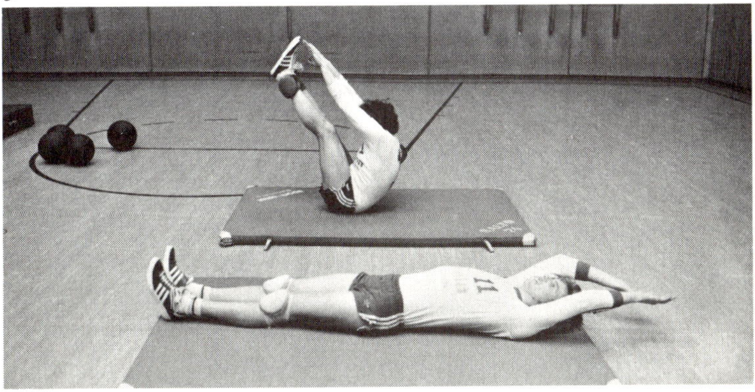

4

5

6

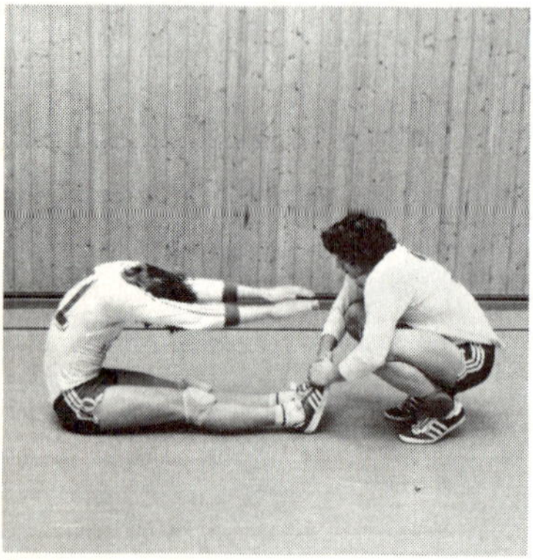

7

8

2. Programm mit Überwinden von Zusatzlasten
1. Bankdrücken viermal jeweils maximal 50 kg
2. Tiefkniebeuge mit Scheibenhantel fünfmal 10–50 kg
3. Heben und Senken der Fersen von einer Erhöhung (z. B. Kastenteil) dreimal 25–30 kg
4. Klimmziehen mit Sandweste dreimal jeweils maximal 20 kg

1

2

3

4

5. Armbeugen im Barren mit 20 kg Sandweste dreimal jeweils maximal
6. Liegestütze mit Bleiweste 20 kg dreimal jeweils maximal
7. Klappmesser mit Medizinball 3 kg dreimal jeweils maximal

5

6

7

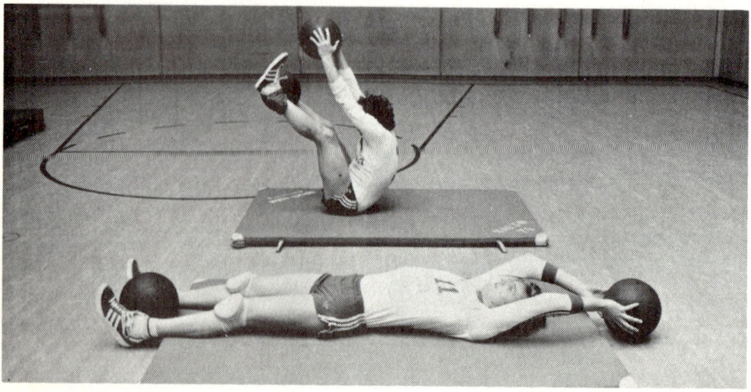

8. Medizinballwürfe rechts, links, beidhändig je zweimal 20 mal
9. Handgewichte (15 kg) in Rückenlage mit gestreckten Armen ziehen und über der Brust kreuzen je dreimal jeweils maximal
10. im Hang an der Sprossenwand Beine dreimal jeweils maximal mit Medizinball (2 kg) gestreckt bis zur maximalen Höhe anheben

Die Anzahl der Wiederholungen sowie die Gewichte können dem Leistungsniveau des Sportlers angepaßt werden. Bei der Durchführung der Übungen bis zur maximalen Anzahl ist unter *maximal* zu verstehen: Das Gewicht kann nicht mehr bewegt werden.
Übungen, die bis an die maximale Grenze führen, sind nur im

8

9

10

Bereich des Hochleistungssports anzuwenden. Für die Nachwuchsarbeit sind diese Übungen nur bedingt tauglich. Hier empfiehlt es sich, die Arbeit mit Überwindung des eigenen Körpergewichts zu leisten.

Ausdauertraining

Ziel des Ausdauertrainings besteht darin, die Widerstandsfähigkeit des Organismus gegen Ermüdung bei lang andauernden sportlichen Übungen zu erhöhen. Um das zu erreichen, kann man zwei Methoden anwenden:

1. Dauermethode
2. Intervallmethode

Bei der *Dauermethode* wird der Organismus mindestens acht Minuten lang bei gleichbleibender Geschwindigkeit belastet. Die Belastung kann in Form von Fahrradfahren, Schwimmen oder Laufen geschehen. Als Richtwerte für die Höhe der Belastung gelten zu erreichende Pulsfrequenzen von 150 bis 170 Schläge/Min.

Für das Volleyballspiel ist die Belastung durch Ausdauerläufe die günstigste Form zur Steigerung des Ausdauervermögens. Überlastungen durch zu lange Läufe sollten jedoch vermieden werden; die Steigerung des Ausdauertrainings erfolgt langsam.

Trainingsbeispiele zur Steigerung des Ausdauervermögens

1. ein Dauerlauf	–	8 Min.	
2. zwei Dauerläufe	–	je 8 Min.	dazwischen 2 Min. Pause
3. drei Dauerläufe	–	je 8 Min.	dazwischen je 2 Min. Pause
4. zwei Dauerläufe	–	je 12 Min.	dazwischen 2 Min. Pause
5. drei Dauerläufe	–	je 10 Min.	dazwischen je 3 Min. Pause mit Gymnastik
6. zwei Dauerläufe	–	je 15 Min.	dazwischen je 3 Min. Pause mit Gymnastik
7. drei Dauerläufe	–	je 15 Min.	dazwischen je 5 Min. Pause mit Gymnastik
8. zwei Dauerläufe	–	je 22 Min.	dazwischen je 5 Min. Pause mit Gymnastik
9. drei Dauerläufe	-	je 20 Min.	dazwischen je 10 Min. Pause mit Gymnastik

10. Dauerläufe mit kurzer Erholungspause
11. Dauerläufe von 30 bis 60 Min. Länge ohne Erholungspause

Das *Intervalltraining* kann durchgeführt werden als:

- Langzeitintervall – Belastungsdauer 8 bis 15 Min.
- Mittelzeitintervall – Belastungsdauer 2 bis 8 Min.
- Kurzzeitintervall – Belastungszeit 15 Sek. bis 2 Min.

Intensität und Belastungszeit sind dabei aufeinander abgestimmt. In der Regel gilt:
Je kürzer die Belastungszeit, desto höher die Intensität.

Trainingsbeispiele zur Steigerung des Ausdauervermögens

1. Intervalltraining im Bereich des Langzeitintervalls
   drei Dauerläufe von je 8 Min. Länge – dazwischen Pausen, bis der Pulsschlag 130/Min. beträgt
   drei Dauerläufe von je 10 Min. Länge – dazwischen Pausen, bis der Pulsschlag 130/Min. beträgt
2. Intervalltraining im Bereich des Mittelzeitintervalls
   drei 800-m-Läufe – 80 Prozent der maximalen Leistung
   drei 1000-m-Läufe – 80 Prozent der maximalen Leistung
   drei 1500-m-Läufe – 80 Prozent der maximalen Leistung
   Nach jeder Übung Pause, bis die Pulsfrequenz von 130 Schlägen/Min. erreicht ist.
3. Intervalltraining im Bereich des Kurzzeitintervalls
   Das Training im Bereich des Kurzzeitintervalls ist für den Volleyballspieler besonders interessant. Während des Spiels ergeben sich ständig kurze, aber extreme Belastungen. Das Kurzzeitintervall findet im Kreistraining (Circuittraining) seine Anwendung.

Das *Circuittraining* ist ein Trainingsverfahren, bei dem vorwiegend azyklische Übungen mit oder ohne Gerät nach vorher geplanter Dosierung ununterbrochen oder von nur kurzen Intervallen ununterbrochen hintereinander ausgeführt werden. Entwickelt wurde es von den Engländern Adamson und Morgan. Ziel des Circuittrainings ist, die Muskulatur zu kräftigen und ihre Ausdauerleistung zu steigern. Es bestehen vielfältige Möglichkeiten der Variation, so daß das Circuittraining jeder Sportart entsprechend angewendet werden kann.

Ein Übungsprogramm besteht aus einer Anzahl von Übungen (circa 10 bis 20), die so aufgebaut sind, daß die jeweils folgende Übung andere Muskelgruppen beansprucht als die vorherige. Die Bewegungswiederholungen je Übung werden individuell festgelegt, ebenso Größe der Zusatzlasten, Anzahl der Umläufe und die Länge der Intervalle. Der Belastungsumfang wird vom individuellen Trainingszustand des Sportlers und von den Besonderheiten der einzelnen Übungsformen bestimmt. Der Leistungszuwachs drückt sich darin aus, daß zum Beispiel Übungen häufiger wiederholt werden können oder der Puls sich zwischen den Übungen schneller erholt.

Beispiel für ein Circuitprogramm

1. Hochstrecksprünge
angesprochene Muskelgruppen: untere Extremitäten
2. Liegestütze
angesprochene Muskelgruppen: obere Extremitäten
3. Treppensteigen
angesprochene Muskelgruppen: untere Extremitäten (insbesondere die Oberschenkel)
4. Klappmesser
angesprochene Muskelgruppen: Bauchmuskulatur
5. Rumpfheben aus der Bauchlage
angesprochene Muskelgruppen: Rückenmuskulatur
6. Bocktest
angesprochene Muskelgruppen: Gesamtkörperbelastung
7. Rumpfheben aus der Rückenlage
angesprochene Muskelgruppen: insbesondere die Bauchmuskulatur
8. Japan-Test
angesprochene Muskelgruppen: Unter- und Oberschenkel

1

3

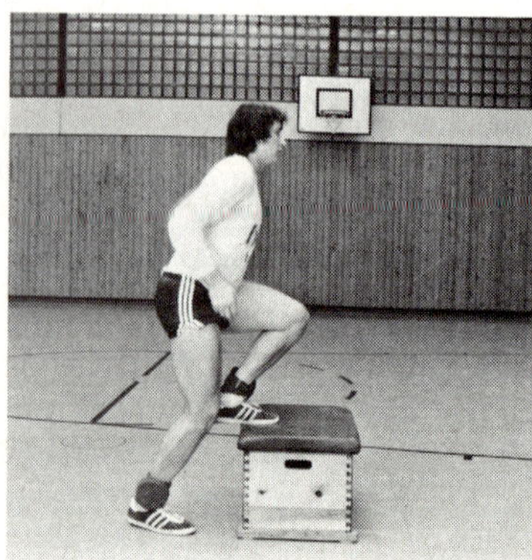

5

6

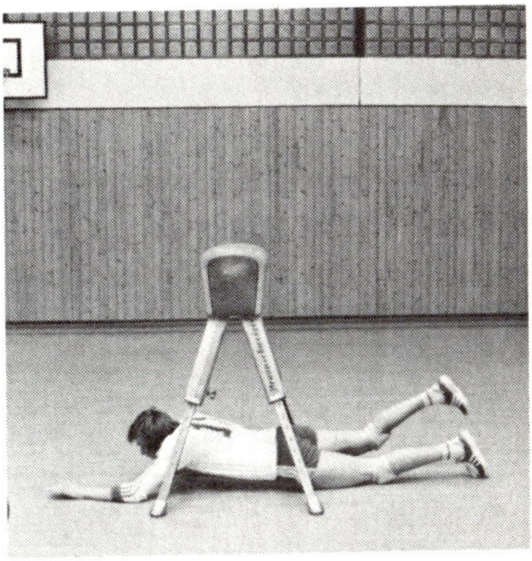

6

8

8

Schnelligkeitstraining

Für das Schnelligkeitstraining ist die hohe bis maximale Bewegungs*intensität* entscheidend. Dabei gilt es zu beachten, daß die Trainingsstunde keine ermüdenden Übungen beinhaltet.
Da das Schnelligkeitstraining die Muskeln, Sehnen und Bänder in hohem Maße belastet, ist es notwendig, daß dem Training eine gründliche Erwärmungsphase vorangeht.
Zur Verbesserung der Grundschnelligkeit müssen einfache Übungen ausgewählt werden. Das bedeutet, daß der Sportler sofort ohne technische Hemmnisse mit optimaler Bewegungsfrequenz die Höchstgeschwindigkeit erreichen kann.

Trainingsbeispiele zur Entwicklung der Grundschnelligkeit

1. Programm

- 10× 18-m-Sprint mit fliegendem Start
- 30× 6-m-Sprint mit fliegendem Start
- 30× 6-m-Sprint mit Richtungswechsel
- 20× 9-m-Sprint vorwärts
- 20× 6-m-Sprint rückwärts

Nach jedem Sprint ist eine kleine Pause mit Lockerungsübungen einzulegen.

2. Programm

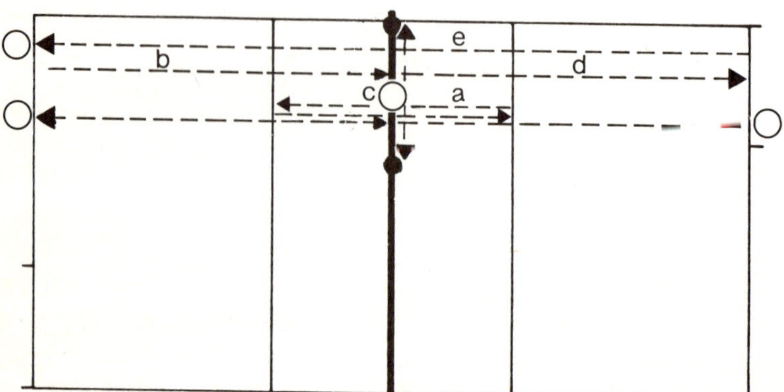

Nonstop
(a) großer Zickzacklauf (siehe Seite 167)
(b) 9 m einbeiniges Hüpfen rechts
(c) 4,5-m-Japan-Test (zehn Berührungen) (siehe Seite 167)
(d) 9 m einbeiniges Hüpfen links
(e) 18-m-Sprint

Gewandtheitstraining
Die allgemeine Gewandtheit ist gerade im Sportspiel Volleyball von besonderer Bedeutung. Während eines Wettkampfs werden an die Spieler vielfältige Anforderungen in bezug auf die Bewegungsfertigkeiten und die Bewegungskoordination gestellt. Durch ein Training, das dem Spieler vielfältige Bewegungserfahrungen vermittelt, werden die Grundlagen geschaffen für das spätere Training im Bereich der speziellen Gewandtheit.

Trainingsbeispiele
zur Entwicklung der allgemeinen Gewandtheit
- Sprünge um die Körperlängsachse mit und ohne Trampolin
- Sprünge um die Körperbreitachse (Salti) mit und ohne Trampolin
- Rollen um die Körperlängsachse vor- und rückwärts
- Rollen um die Körperbreitachse vor- und rückwärts
- Handstände mit Laufen und Abrollen
- Radschläge nach links und rechts
- Weit- oder Tiefsprünge rückwärts
- Verschiedene Ausführungsarten des Weitsprungs (vorwärts, rückwärts, seitwärts, einbeinig, beidbeinig usw.)
- Stützsprünge über Turngeräte (Bock, Kasten) mit zusätzlicher Drehung

Speziell athletisches Training

Das speziell athletische Training hat die Ausbildung der leistungsbestimmenden Faktoren Sprungkraft, Schlagkraft, Gewandtheit am Ball, Schnelligkeit auf dem Spielfeld und der Reaktion zum Ziel.

Sprungkrafttraining

Die Sprungkraft wird bestimmt durch die Schnellkraft und die Kraftausdauer. Das Training zur Verbesserung der Sprungkraft kann mit oder ohne Ball durchgeführt werden.
Es ist unbedingt darauf zu achten, daß der Körper vor Beginn des Sprungkrafttrainings genügend erwärmt wird. Dies kann in Form von kleinen Spielen, Laufen, Gymnastik oder Sprungseilarbeit erfolgen. Nach dem Sprungkrafttraining empfiehlt sich eine intensive Auflockerung, um Verhärtungen der Muskulatur vorzubeugen.

Trainingsbeispiele zur Entwicklung der speziellen Sprungkraft

1. Erwärmung durch Sprungseilarbeit

- beidbeinige Sprünge mit Zwischensprung, Seil nach vorn und hinten drehen
- beidbeinige Sprünge ohne Zwischensprung, Seil nach vorn und hinten drehen
- einbeinige Sprünge mit und ohne Zwischensprung, Seil nach vorn und hinten drehen
- laufen am Ort, Seil vorwärts drehen
- laufen mit Vorwärtsbewegung, Knie stark anheben
- Seil doppelt nehmen; mit einer Hand unter den Füßen durchschwingen und dabei springen
- Galopplauf nach vorn, Seil vorwärts drehen
- einfache Sprünge; abwechselnd mit hohem Sprung, bei dem das Seil zweimal gedreht wird
- verschiedene Kombinationen der einzelnen Übungen

2. Übungen zur Entwicklung der Sprungschnelligkeit

1. 20 Sprünge nach hohem Ziel (circa 90 Prozent von der maximalen Sprunghöhe) mit einem Schritt Anlauf (siehe Foto 1)
   20 Sprünge auf einen hohen Kasten (je nach Trainingszustand 1 bis 1,30 m) und Strecksprung über die Latte bzw. Leine (siehe Foto 2)

2. 20 Sprünge vom hohen Kasten (1,30 m) oder Bock nach einem Ziel (Basketballkorb o. ä.; Höhe circa 80 Prozent der maximalen Sprunghöhe) aus dem Stand (siehe Foto 3)
   40 Sprünge vom Kasten (1 m) auf Matte zum Kasten (1,10 m) (siehe Foto 4)

1

2

3

4

3. 40 Sprünge nach hohem Ziel (circa 80 Prozent von der maximalen Sprunghöhe), zwei Schritte Anlauf (siehe Foto 5, Seite 42)

   20 Sprünge vom Kasten (1,30 m) oder Pferd auf die Matte zum Kasten (1 m), Strecksprung über die Latte bzw. Leine (siehe Foto 6, Seite 42)

Die einzelnen Programme können ein oder mehrere Male durchlaufen werden, wobei darauf zu achten ist, daß keine Ermüdung eintritt. Die Kastenhöhe wird bestimmt vom Leistungsniveau des Sportlers; jedoch sollte der Unterschied in der Höhe bei Übungen mit zwei Kästen beibehalten werden.

5

6

3. Übungen zur Entwicklung der Sprungausdauer

1. Zehn Sprünge, mit rechter Hand Basketballkorb berühren oder anderes Hochziel

   Zehn Sprünge, mit linker Hand Basketballkorb berühren oder anderes Hochziel

   Zehn Sprünge, mit beiden Händen Basketballkorb oder -brett bzw. anderes Ziel berühren

Hinweis: Das zu berührende Sprungziel soll in maximaler Sprunghöhe des betreffenden Sportlers sein. Die 30 Sprünge sind ohne Pause durchzuführen; erst nach dem dreißigsten Sprung wird eine kurze Pause gewährt. Danach folgt der nächste Durchgang. Anzahl der Durchgänge: 1 bis 4.

2. Zehn Sprünge zum Basketballkorb, dabei jeweils einen Schlagball hindurchwerfen, rechte Hand

   Zehn Sprünge zum Basketballkorb, dabei jeweils einen Schlagball hindurchwerfen, linke Hand

Hinweis: Die 20 Sprünge werden ohne Pause mit Anlauf durchgeführt. Die Sprunghöhe soll maximal sein. Anzahl der Durchgänge: 1 bis 4.

Schlagkrafttraining

Die Schlagkraftentwicklung wird nach denselben Gesichtspunkten wie die Sprungkraftentwicklung gefördert. Die Erwärmung muß hauptsächlich auf dem Schultergürtel konzentriert sein. Denn das Schultergelenk ist sehr verletzungsanfällig und darf in kaltem Zustand keinen hohen Belastungen ausgesetzt werden.

Trainingsbeispiele zur Entwicklung der Schlagkraft

1. 1-kg-Medizinball aus dem Aufgaberaum über das Volleyballnetz werfen; rechte und linke Hand je zehn Würfe, siehe Foto 1

   2-kg-Medizinball. Ein Schritt Anlauf–Absprung an der Angriffslinie, beidhändiger Wurf über das Netz; zehn Würfe, siehe Foto 2

   3-kg-Medizinball, zwei Schritte Anlauf – von der Grundlinie im Stand über das Netz werfen; zehn Würfe, siehe Foto 3

2. 3-kg-Medizinball aus dem Stand mit Oberkörpereinsatz zum Boden werfen; je nach Leistungsstand 5 × 20 Würfe, siehe Foto 4, Seite 44

   3-kg-Medizinball aus dem Stand mit Oberkörpereinsatz ein- und beidarmig werfen, je nach Leistungsstand 1 bis 5 × 10 Würfe, siehe Foto 5, Seite 44

3. 1-kg-, 2-kg-, 3-kg-Medizinbälle – Ausgangsstellung Angriffslinie

- Anlauf–Absprung (1 m vor dem Netz)
  1-kg-Ball mit Schlagarm über das Netz werfen

1

2

3

4

5

6

- Trainer wirft Medizinball über das Netz, Spieler fängt und wirft mit einem Schritt Anlauf den Ball beidhändig über das Netz, siehe Foto 6

Ohne Pause; je nach Leistungsstand 2 bis 20 Durchgänge

4. • 1 × 10 Würfe beidhändig über das Netz mit Anlauf, Medizinball 3 kg

   1 × 10 Würfe beidhändig über das Netz aus dem Stand, Medizinball 2 kg

   • 1 × 10 Würfe beidhändig aus der Rückenlage mit Aufrichten des Oberkörpers, Medizinball 3 kg

   1 × 10 Würfe einhändig aus der Rückenlage mit Aufrichten des Oberkörpers, Medizinball 1 kg

   1 × 10 Würfe beidhändig über das Netz mit Anlauf, Medizin ball 3 kg

   1 × 10 Würfe beidhändig über das Netz aus dem Stand, Medizinball 2 kg

Hinweis: Je nach Leistungsvermögen des Sportlers kann die Anzahl der Zehnerserien von 1 auf 6 erhöht werden. Ebenfalls ist der Abstand vom Netz dem Leistungsvermögen anzupassen (von 3 m bis 9 m).

Das Sprungkraft- und Schlagkrafttraining wird in der Praxis häufig miteinander verbunden. Eine typische *Übungsform* ist im folgenden aufgezeigt.

Kasten von 1 bis 1,20 m Höhe aufhocken mit 3-kg-Medizinball und Niedersprung auf eine Matte; danach:
sofort Sprung und Wurf des Medizinballs beidhändig über das Netz, dann

2-kg-Medizinball auffangen und sofort werfen, danach:

Angriffsschlag – kurz – mit Volleyball

Kombination Sprung- und Schlagkraft
Trainer wirft 2-kg-Medizinball über das Netz, Spieler fängt und wirft mit Sprung aus dem Stand den Ball über das Netz

Gewandtheitstraining
Das Training zur Entwicklung der speziellen Gewandtheit umfaßt Übungen, die sowohl der Entwicklung der Sprunggewandtheit als auch der Erweiterung des Variationsvermögens in den einzelnen Techniken dienen. In der Regel sollte das Training der speziellen Gewandtheit ausschließlich mit Ball stattfinden.
Alle Übungen, die neben der Durchführung einzelner Bewegungsabläufe noch einen zweiten oder dritten Aktionskreis aufweisen und spielspezifische Anforderungen stellen, dienen der Entwicklung der speziellen Gewandtheit.

Trainingsbeispiele zur Entwicklung der Gewandtheit
1. Die Übung besteht aus vier Teilen, die ohne Pause hintereinander durchzuführen sind.
1. Sprung über eine Hürde, Foto 1
2. Abwehr eines Balls in Form eines oberen Zuspiels mit anschließendem Abrollen nach hinten zu einem Paß auf Position IV bzw. II, Foto 2
3. Feldabwehr eines hart geschlagenen Balls, Foto 3
4. Feldabwehr eines getäuschten Angriffs, Foto 4

Hinweis: alle Aktionen mit maximaler Schnelligkeit ausführen

1

2

3

4

2. Übung aus drei Teilen bestehend
   1. Feldabwehr auf Position V
   2. Rolle auf der Matte
   3. Feldabwehr auf Position I

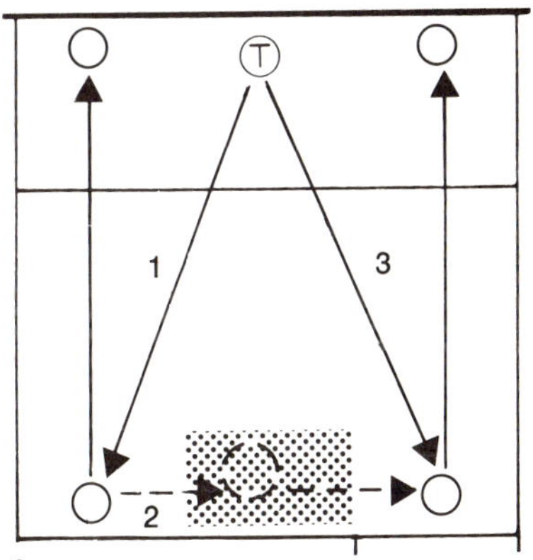

3. Übung aus drei Teilen bestehend
   1. Block
   2. Feldabwehr
   3. Paßspiel

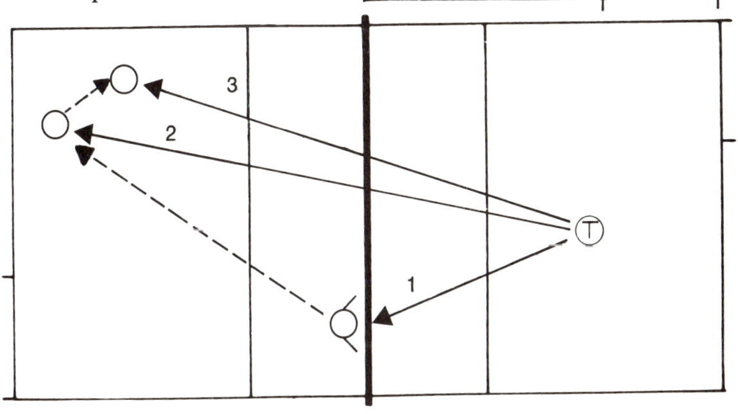

4. Ball anwerfen im Aufgaberaum, Spieler macht Rolle vorwärts auf der Matte
Ball hoch über das Netz spielen, dem Ball nachlaufen
Paß spielen zur Position V, nachlaufen
halbe Drehung, Paß zum Netz spielen, nachlaufen, auffangen

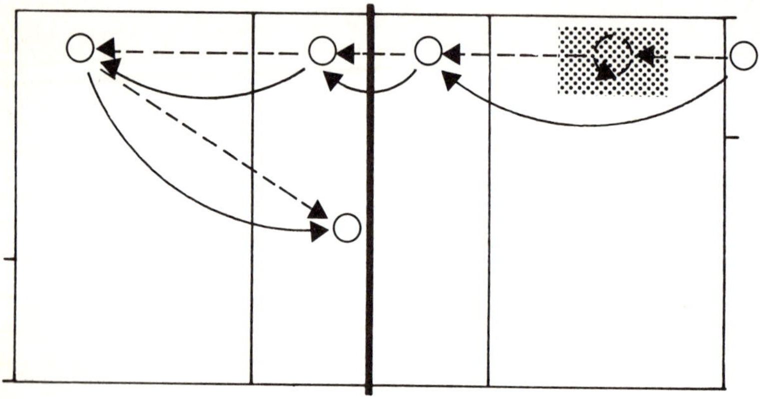

Schnelligkeits- und Reaktionstraining
Schnelligkeit und Reaktionsschnelligkeit werden durch Übungsformen mit und ohne Ball trainiert. Die Übungsformen enthalten spezifische Bewegungen zur Abwehr, zum Aufbau, zum Angriff und zum Blockieren. Sie stellen hohe Anforderungen an die Schnelligkeit und an das Reaktionsvermögen. Die Besonderheit des Volleyballspiels beansprucht die Spieler gerade im Bereich dieser beiden Komponenten. Aus diesem Grund ist das Training in diesem Bereich für den Volleyball typisch. Eine positive Entwicklung der Schnelligkeit und Reaktion hat immer eine Steigerung der Leistungen in Abwehr-, Aufbau-, Angriffs- und Blockverhalten zur Folge.

Trainingsbeispiele zur Entwicklung der Schnelligkeit und Reaktionsschnelligkeit

I. Übungen ohne Ball

1. Japan-Test (siehe Seite 167)
fünf bis zehn Berührungen, Abstand der Markierungen: Jungen: 4,5 m, Mädchen: 3 m

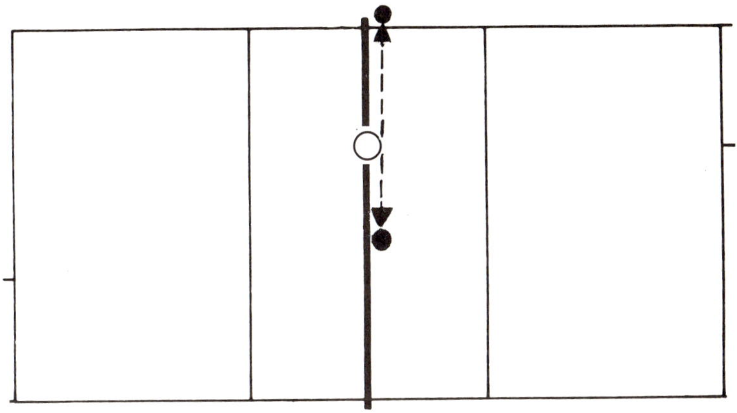

2. Zonenlauf: großer Zickzacklauf 9 × 3 × 6 × 3 × 9 m mit Drehung jeweils um 180 Grad (siehe Seite 167)

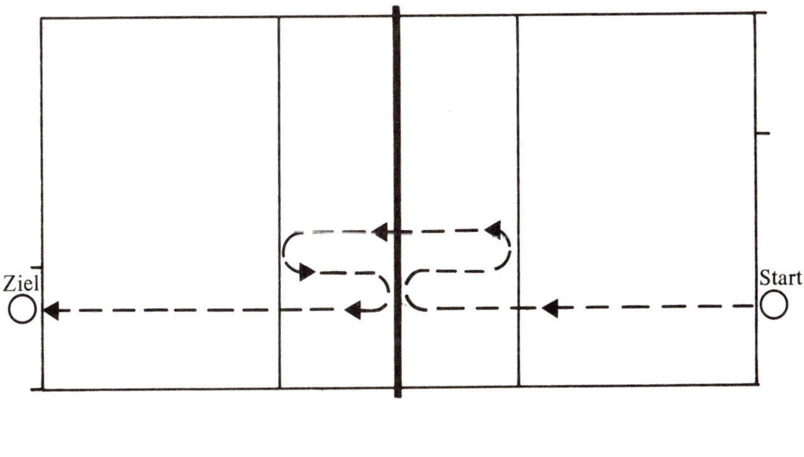

3. kleiner Zickzacklauf

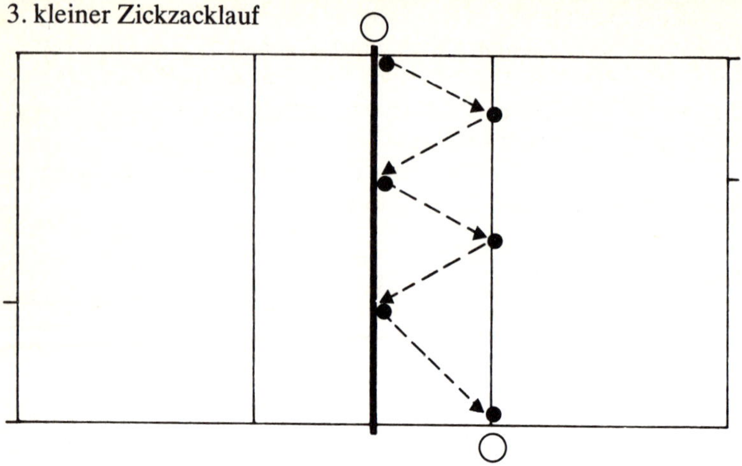

4. Kreisprogramm

(a) Sprints 6m:	sechsmal
(b) kleiner Zickzack in Angriffszone (siehe Seite 168):	zweimal
(c) einbeiniges Hüpfen rechts und links 9m:	zweimal
(d) großer Zickzacklauf (siehe Abb. Seite 49 unten):	einmal
(e) Japan-Test 4,5m (fünf Berührungen):	zweimal
(f) Sprints 6m rückwärts:	sechsmal

5. Bocktest (siehe Seite 36, Übung 6)

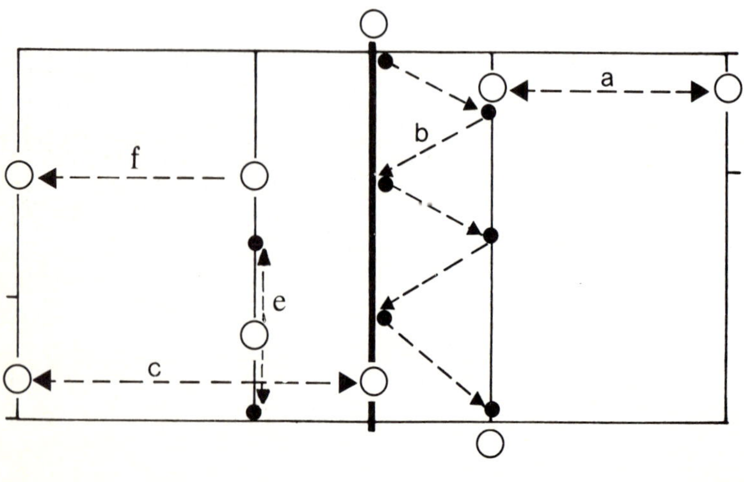

II. Übungen mit Ball

1. Der Trainer prellt einen Ball; der Spieler steht mit dem Rücken zum Trainer und dreht sich sofort nach dem Aufprallgeräusch des Balls um. Danach führt er – je nach Aufgabenstellung – eine oder mehrere der folgenden Übungen aus:

- Bagger, Foto 1
- oberes Zuspiel mit Abrollen, Foto 2
- Abwehr seitlich, Foto 3
- Hechtbagger, Foto 4

1

2

3

4

2. Kombination von Reaktion und Feldabwehr

2.1. Trainer wirft gezielt vier Bälle zum Spieler in Bauchhöhe; dieser muß

a) den ersten Ball mit einem Hochsprung überspringen,

b) den zweiten Ball über sich passieren lassen,

c) den dritten Ball (getäuschten Ball) durch Hechtbagger zum Trainer zurückbringen,

d) wie (a) oder einen hart geschlagenen Ball abwehren.

Die Übungsformen (1) und (2.1) lassen sich insofern modifizieren, als bestimmte Zielvorgaben gegeben werden, um die Präzision in den einzelnen Elementen zu fördern.

2.2. Verteidigung hinter einem Vorhang

Zwischen Trainer und Spieler wird eine Sichtblende so aufgestellt, daß der Trainer den Ball sowohl über als auch unter der Blende werfen kann.

- Der Trainer wirft Bälle über die Sichtblende; der Spieler muß verteidigen ohne Sichtkontakt zum Trainer.
- Unter der Sichtblende hindurchgeworfene Bälle werden verteidigt.
- Der Trainer wirft unregelmäßig über oder unter der Sichtblende, der Spieler verteidigt.

2.3. Verteidigung an der Wand

Ein Spieler steht mit dem Gesicht zur Wand und wehrt die Bälle ab, die vom Trainer, der hinter dem Spieler auf einer erhöhten Plattform steht, an die Wand geworfen oder geschlagen werden, Foto 1 und 2

1

2

3. Kombination von Reaktion und Angriffsverhalten

3.1. Zwischen dem Spieler wird eine Sichtblende aufgestellt (Abstand vom Netz 3 m). Der Trainer wirft den Ball; der Spieler muß aus dem Stand dem Ball entgegenspringen und ihn (a) fangen, Foto 3, (b) schlagen, Foto 4

3.2. Spieler greifen hintereinander von Position IV an. Der Trainer steht auf der anderen Seite des Felds auf Position III. Während der Spieler springt, hebt der Trainer den rechten Arm (Foto 5) – dann muß Diagonalangriff erfolgen; linker Arm (Foto 6) – Linienangriff (siehe Abb.).

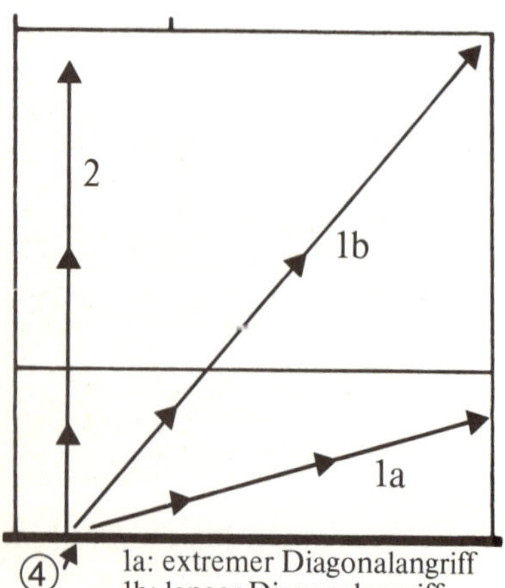

1a: extremer Diagonalangriff
1b: langer Diagonalangriff
2 : Linienangriff

3

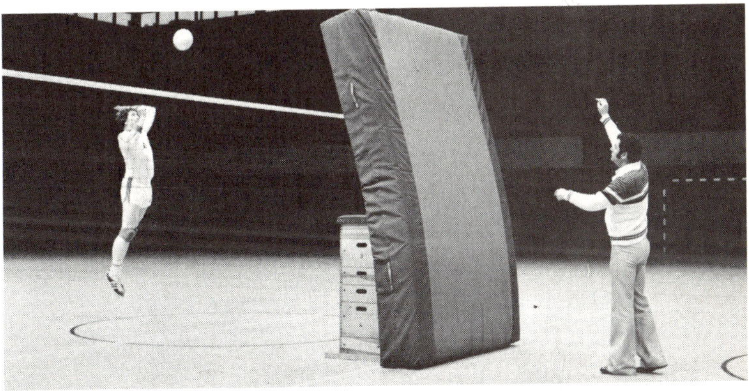

4

5

6

4. Kombination von Reaktion und Blockarbeit

4.1. Der Blockspieler muß zwei Bälle mit einem Sprung berühren, Foto 1 und 2.

4.2. Der Trainer wirft in einem Abstand von 6 m zum Netz ständig Bälle auf verschiedene Blockpositionen; der Blockspieler muß blockieren, Foto 3 und 4.

Diese Übungen sind nur eine kleine Auswahl und dienen zur Anregung; dem Einfallsreichtum bei der Auswahl solcher und weiterer Übungen sind keine Grenzen gesetzt. Es sind auch Übungen denkbar, die nach optischen oder akustischen Signalen ausgeführt werden.

1

2

3

4

Techniktraining

Dem Training der Technik kommt im Volleyball besondere Bedeutung zu. Ohne eine gute Technik kann das Spiel taktisch nicht variabel gestaltet werden, was vor allem im Spitzenvolleyball von Wichtigkeit ist. Außerdem werden während des Spiels technische Fehler wie Doppelberührung beim Bagger oder geführtes oberes Zuspiel vom Schiedsrichter abgepfiffen. Dies wird genauso geahndet, als wäre der Ball auf den Boden gefallen, nämlich mit Ball- oder Punktverlust.
Die Elemente des Angriffs sind das obere Zuspiel, die Aufgabe und der Angriffsschlag. Die Elemente der Abwehr sind das untere Zuspiel und das Blockieren.

- Angriff
  - oberes Zuspiel
  - Aufgabe
  - Angriffsschlag
- Abwehr
  - unteres Zuspiel
  - Blockieren
  - Hechtbagger

Das obere Zuspiel

Das obere Zuspiel, auch *Pritschen* genannt, kann man als das wichtigste Element des Volleyballspiels bezeichnen. Ohne diese Technik wäre ein sinnvoller Spielaufbau nicht möglich. Wird das obere Zuspiel vielseitig angewandt, so kann die gesamte Angriffspotenz einer Mannschaft ausgeschöpft werden. Man unterscheidet vier Arten des oberen Zuspiels:

1. das obere Zuspiel *nach vorn*
2. das obere Zuspiel *über den Kopf*
3. das obere Zuspiel *der Kurzpässe*
4. das obere Zuspiel *im Abrollen*

Eine Gemeinsamkeit aller vier Arten ist die Haltung der Finger. Jede einzelne Art weist für sich jedoch technische Besonderheiten auf. Beim Training wird großer Wert auf Genauigkeit und Sicherheit gelegt. Beherrscht der Zuspieler alle vier Arten des oberen Zuspiels, so kann er die Angreifer optimal einsetzen. Gute Leistungen im Spiel setzen also eine hohe Perfektion und technisch-taktische Variabilität im Spielaufbau voraus.
Anschließend soll das obere Zuspiel nach vorn und über den Kopf behandelt werden. Die beiden anderen Arten finden ihre Anwendung im Hochleistungsbereich und sollen hier nur kurz gestreift werden.

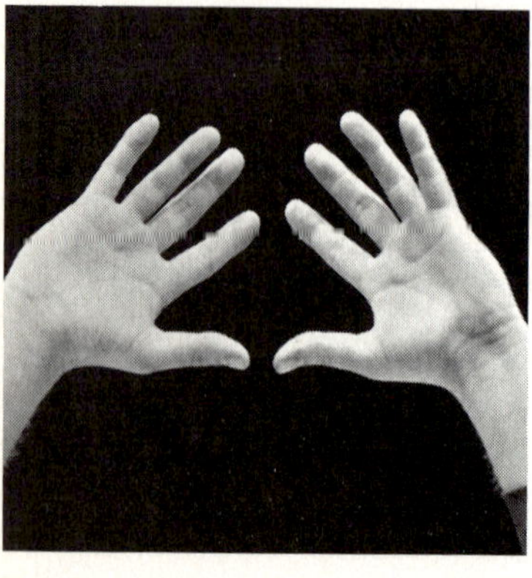

Technikbeschreibung

Oberes Zuspiel nach vorn

Fingerhaltung

Die Finger sind gespreizt und leicht gebeugt. Finger und Daumen bilden ein offenes Dreieck. Die Daumen zeigen in Richtung der eigenen Augen.

Der Ball wird nicht nur mit den Fingerkuppen gespielt, sondern berührt vom Daumen, Zeige- und Mittelfinger auch das Fingermittelglied.

Handhaltung
Die Hände umschließen den Ball korbartig (Korbhaltung der Hände).

Die Hand ist leicht nach hinten gebeugt und bleibt während des Zuspiels fest. Erst nach dem Zuspiel erfolgt ein natürliches Nachklappen der Hände.

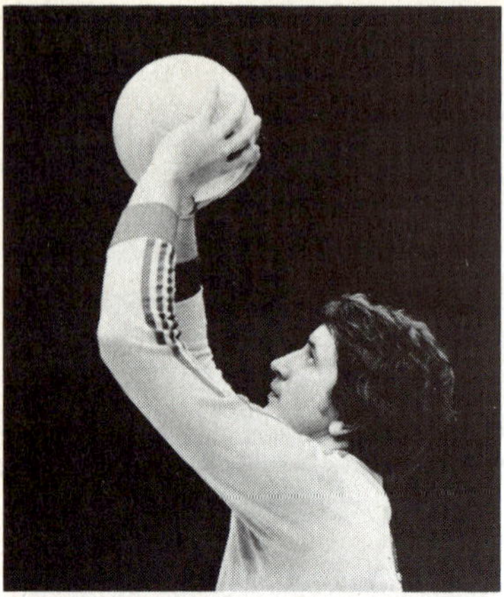

Armhaltung
Die Arme sind gehoben und gebeugt, so daß die Hände circa 20 cm Abstand zum Gesicht haben, wenn der Spieler in Richtung des Balls schaut.

Die Ellbogen sollen nicht wesentlich über Schulterbreite hinausgehen.

Bewegungsablauf

Die Bewegung erfolgt in Richtung des anfliegenden Balls. Der Spieler muß eine Körperstellung anstreben, die es erlaubt, den Ball durch die erhobenen Hände zu beobachten.

Durch die Streckung des ganzen Körpers wird der Ball in die gewünschte Richtung gespielt. Beide Schultern zeigen dabei in diese Spielrichtung.

Im Moment des Zuspiels liegt die Hauptlast des Körpers auf dem vorderen Fuß.
Bein- und Armstreckung bilden einen fließenden Übergang (fast Gleichzeitigkeit).

Ist der Ball abgespielt, klappen die Hände leicht nach.

Merke

- Körper untcr den Ball bringen
- vorderen Fuß belasten
- beide Schultern zeigen in Spielrichtung
- Hände klappen nach dem Abspiel nach

Oberes Zuspiel über den Kopf

Bewegungsablauf

Schnelle Bewegung unter den Ball – wie beim Zuspiel nach vorn.

Streckung des Körpers durch Vorschieben der Hüfte und Beugen des Kopfes in den Nacken (Hohlkreuz). Die Hauptlast des Körpers liegt auf dem hinteren Fuß.

Streckung der Arme in Spielrichtung; die Schultern zeigen dabei in diese Richtung. Die Hände bleiben über dem Kopf und werden in Richtung der verlängerten Körperlängsachse geführt.

Die Hände sind stark nach hinten abgewinkelt.

Merke

- schnelle Bewegung unter den Ball
- hinterer Fuß ist belastet
- Hüfte wird vorgeschoben
- Kopf nicht zwischen den Armen hindurchstecken

Oberes Zuspiel der kurzen Pässe

Das Zuspiel von kurzen Pässen für die Angriffspositionen III und IV erfolgt für Bälle, die nahe am Netz sind, indem das rechte Bein vorn steht.

Bei Bällen, die in Höhe der Angriffslinie gespielt werden, steht das linke Bein vorn.

Das Zuspiel erfolgt aus fast gestreckten Armen.

Der Beineinsatz ist gering.

Merke

- Arme werden dem Ball fast gestreckt entgegengehalten
- Zuspiel erfolgt hauptsächlich aus den Fingern
- geringer Beineinsatz
- richtige Beinstellung beachten

Oberes Zuspiel im Abrollen

Zuspiel im Abrollen nach hinten

Die Hände befinden sich direkt am Kinn.

Der Körper wird weit unter den Ball gebracht.

Der Körper wird leicht ins Hohlkreuz gedrückt, die Arme werden gestreckt.

Das Körpergewicht ruht auf dem hinteren Fuß.

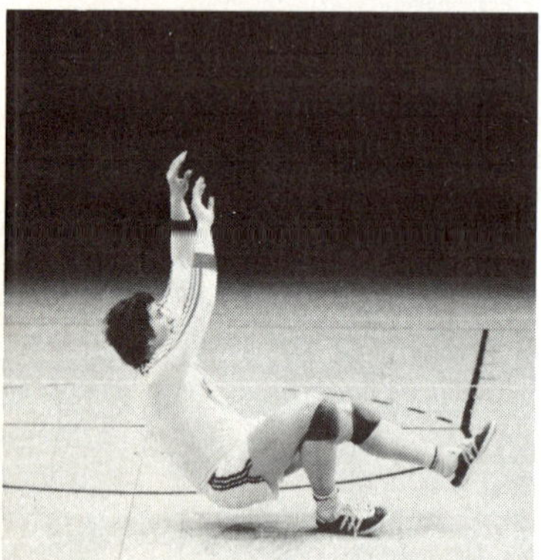

Erst nach dem Zuspiel erfolgt das Abrollen

Zuspiel im Abrollen seitwärts

Es erfolgt ein weiter Ausfallschritt zum Ball mit dem ballnahen Bein.

Das Gewicht wird auf das ballnahe Bein verlagert.

Vor dem Abspiel wird der Körper in Spielrichtung gedreht.

Es wird erst der Ball gespielt; anschließend abrollen.

Merke

- Arme stark beugen
- Hände befinden sich direkt am Kinn
- Körper muß in Spielrichtung gebracht werden
- erst zuspielen, dann abrollen

Übungsformen zum Erlernen und Vervollkommnen

I. Einzelübungen

1. Ball im Sitzen flach über dem Kopf pritschen
2. Ball im Sitzen hoch über dem Kopf pritschen
3. Ball im Sitzen abwechselnd flach und hoch über dem Kopf pritschen
4. Ball im Sitzen an die Wand pritschen (leichte und schwere Bälle)
5. Übungsform (1) und (4) im Stand ausüben
6. Ball aus dem Vorwärtsgang flach, hoch und an die Wand pritschen
7. Übungsform (6) im Rückwärtsgang durchführen
8. Übungsform (6) im seitlichen Gehen durchführen
9. Übungsformen (1) bis (8) mit und ohne Zwischenspiel

II. Partnerübungen

1. Oberes Zuspiel im Sitzen mit und ohne Zwischenspiel, Abstand 1 bis 5 m; leichte und schwere Bälle im Wechsel.
2. Leichte und schwere Bälle (Volley- und Medizinbälle) im Wechsel zuspielen; ein Partner sitzt, der andere steht. Zuspiel mit und ohne Zwischenspiel; Abstände variieren.
3. Beide Partner stehen und pritschen leichte und schwere Bälle; Zuspiel mit und ohne Zwischenspiel, Abstand variieren.
4. Partner 1 wirft einen Ball von unten zu Partner 2. Sobald dieser gepritscht hat, wirft Partner 1 den zweiten Ball (nonstop).

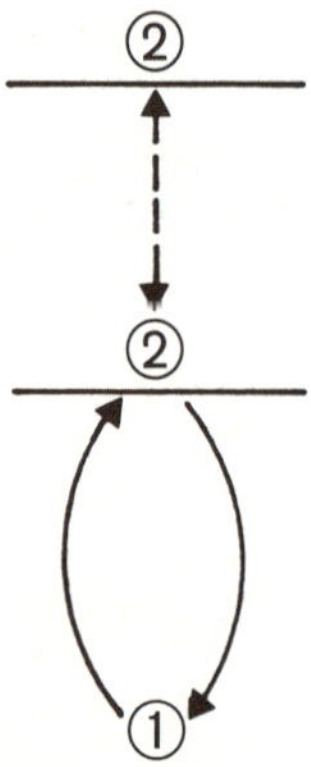

III. Partnerübungen nach vorausgegangener Bewegung

1. Partner 1 wirft den Ball in hohem Bogen auf einen, vom anderen Partner circa 2 m entfernten, markierten Punkt. Partner 2 läuft vor, spielt den Ball und läuft zurück in die Ausgangsstellung.

2. Übung wie (1); nur wird der Ball zweimal gespielt:
a) zur Ausgangsposition des Partners 2 (Langpaß);
b) Zum Markierungspunkt – Partner 2 muß vorlaufen (kurzes Anspiel).

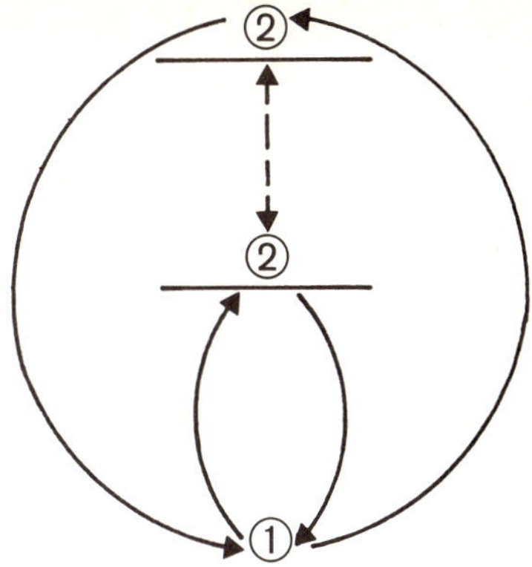

3. Partner 1 wirft die Bälle circa 2 m seitlich vom Partner 2; dieser läuft zum Ball, dreht sich in Spielrichtung (zum Partner 1) und spielt den Ball hoch zurück. Er läuft nach dem Abspiel sofort zur anderen Seite.

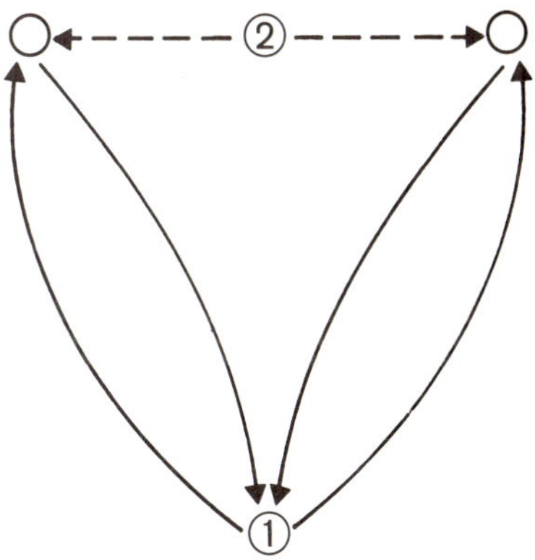

4. Spieler 2 steht hinter einem Kasten; Spieler 1 wirft den Ball in hohem Bogen rechts und links vom Kasten, Spieler 2 spielt den Ball zurück zu Spieler 1.

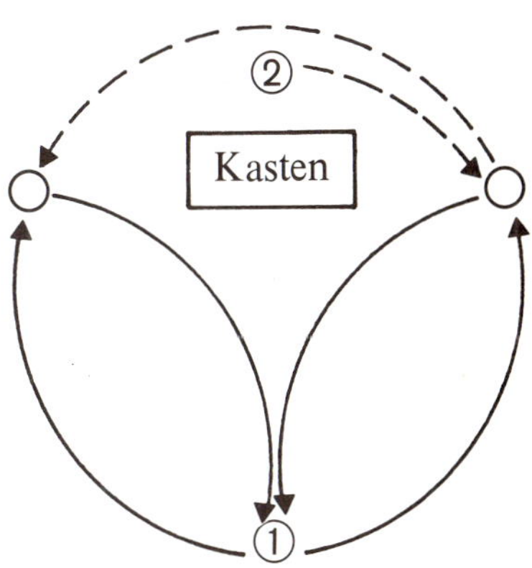

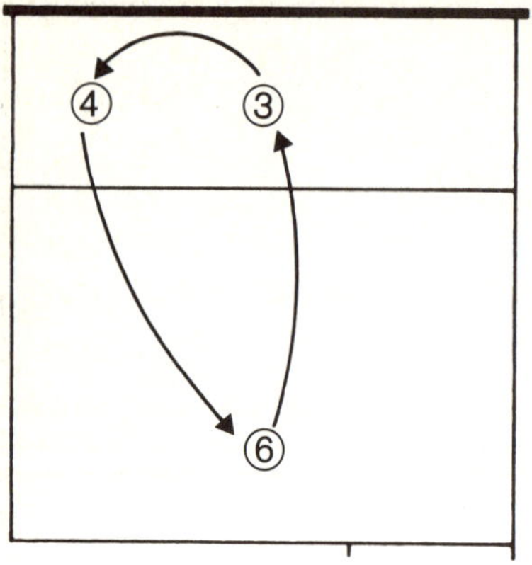

5. Spieler von Position VI spielt den Ball zum Zuspieler auf Position III; dieser spielt einen hohen Paß zur Position IV; von Position IV wird der Ball zu Position VI gespielt (nonstop).

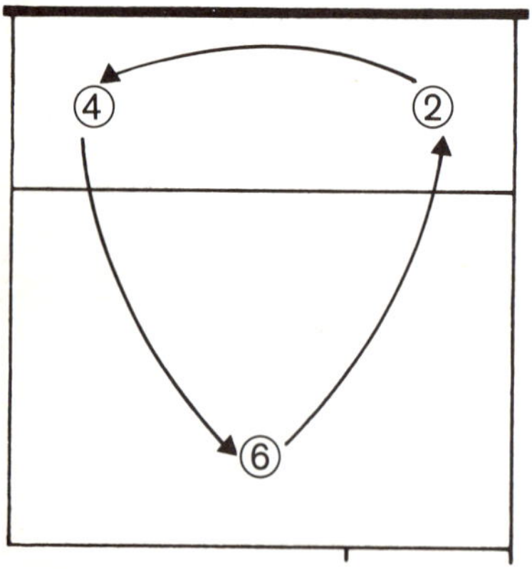

6. Übung wie (5); nur steht der Zuspieler auf Position II.

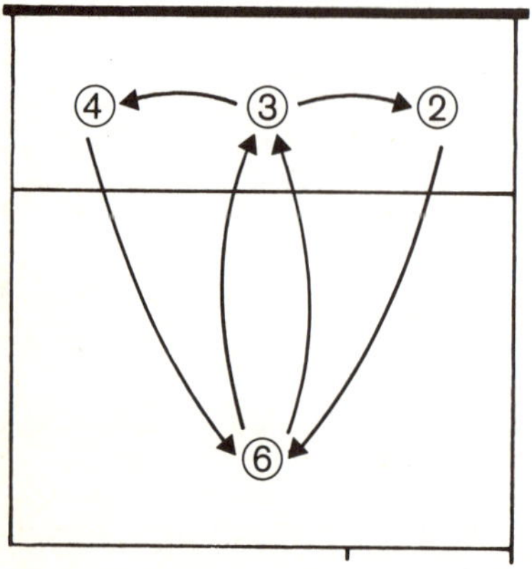

7. Paßspiel von Position III zu Position IV oder über Kopf zu Position II; Ablauf wie (5).

8. Zwei oder mehrere Spieler stehen auf Position VI. Von hier erfolgt das Abspiel zum Spieler auf Position II, dieser spielt einen langen, hohen Paß zu Position IV. Von hier wird der Ball zurück zu Position VI gespielt. Nach jedem Abspiel läuft der Spieler auf die Position, die er angespielt hat (nonstop).

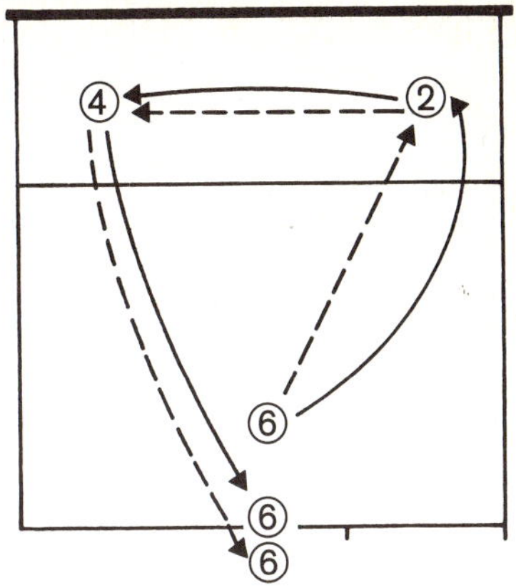

9. Übung wie (8), nur in entgegengesetzter Richtung (nonstop).

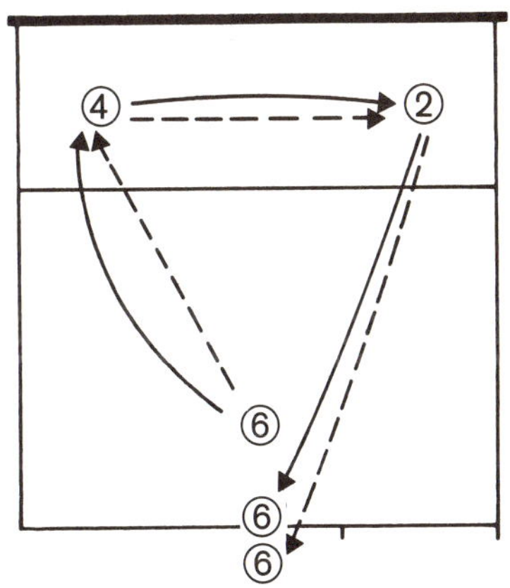

10. Alle Spieler laufen im Kreis. Der Ball wird ständig auf Position III hochgespielt. Der Spieler, der den Ball hochgespielt hat, läuft darunter weiter (Ball bleibt auf Position III).

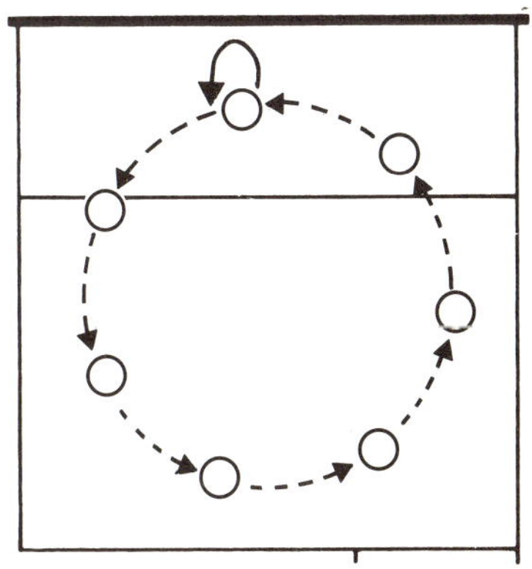

Fehler und Korrekturhilfen

Bei der Vielfalt von Bewegungsabläufen bei den einzelnen Zuspieltechniken ist die Möglichkeit, Fehler zu machen, sehr groß. Im folgenden werden deshalb nur Hauptfehler aufgezeigt und einige Korrekturhilfen gegeben.

Zuspielart	Hauptfehler	Ursachen	Korrekturhilfen
oberes Zuspiel nach vorn	(1) schlechte Hand- und Fingerhaltung	Finger sind nicht gespreizt, Daumen zeigen zum Ball, Hände sind im Handgelenk zu locker	• Zuspiel im Sitzen mit schweren Bällen (Medizin- und Basketbälle) • Zuspiel über den Kopf an die Wand und mit Partner • Zuspiel im Stand mit schweren Bällen über den Kopf (flach, halbhoch, hoch im Wechsel) • Zuspiel mit schweren Bällen an die Wand • Zuspiel im Wechsel mit schweren Bällen und Volleybällen
	(2) schlechte Streckung der Arme und Beine	falsche Stellung zum Ball: a) Körper ist nicht unter dem Ball, Schultern zeigen nicht in Spielrichtung b) Ball wird unterlaufen – Folge: Ball kann nur noch geworfen werden c) Hände hängen zu weit unten – Folge: Ball wird unkontrolliert gestoßen d) Arm- und Beinstreckung erfolgt zu ruckhaft	• hochgeworfene Volleybälle werden erlaufen; der Körper wird in Spielrichtung gebracht und der Ball mit erhobenen Händen gefangen (Arm- und Fingerhaltung beachten) • schwere Bälle mit Streckung des Körpers aus dem Stand zu einem hohen Ziel an die Wand pritschen • hohe Zuspiele aus dem Stand an die Hallendecke; dabei auf Körperstreckung achten

Zuspielart	Hauptfehler	Ursachen	Korrekturhilfen
oberes Zuspiel über den Kopf	Ball wird zu kurz oder zu flach gespielt	die Arme werden nicht in die verlängerte Richtung des Oberkörpers geführt	• Medizinball in Zuspieltechnik über den Kopf führen • hohes Zuspiel nach hinten–oben mit Volleyball
oberes Zuspiel im Fallen rückwärts und seitwärts	Ball wird gezogen oder zu lange geführt	Körper kommt nicht weit genug unter den Ball; Ausfallschritt für das Zuspiel seitwärts ist zu kurz	• auf weicher Matte zugeworfene Bälle in Abrolltechnik rückwärts auffangen • Zuspieler zwingen, Bälle sehr hoch zu spielen; bei seitlichem Abrollen: Drehung der Ferse des Standbeins nach außen und Gesäß auf die Ferse setzen, Übung mit und ohne Ball

Taktische Hinweise

Beim Training muß von Anbeginn darauf geachtet werden, daß der Kampf um das obere Zuspiel aus jeder Situation heraus erfolgt.
Eine genaue Analyse der Situation ist notwendig, um den eigenen Angriff optimal gestalten zu können. Deshalb sind Zuspieler jene Spieler, von denen die größte Spielübersicht erwartet wird. Sie müssen ihre Angreifer taktisch so einsetzen, daß die Aktionen erfolgreich abgeschlossen werden können.
Taktisch kluge Zuspielhandlungen können sein:

- denjenigen Angreifer einzusetzen, der in einem Wettkampf Höchstform hat;
- das Spiel so aufzubauen, daß der Angriff über einen kleinen bzw. schwachen Blockspieler der Gegenmannschaft erfolgt;
- das Spiel je nach Situation schnell oder langsam zu machen (schnelles Spiel: aufsteigende Bälle zu Position III, kurze Pässe über Kopf zu Position II, herausgespielte, schnelle Bälle zu Position IV; langsames Spiel: alle Positionen hoch einsetzen).

Das untere Zuspiel

Das untere Zuspiel, auch *Bagger* genannt, ist das Hauptelement des Verteidigungsspiels. Sehr hart geschlagene Bälle oder Bälle, die für das obere Zuspiel zu flach sind, werden von unten zugespielt. Es gilt hier, den Ball abzuwehren, ihn aber gleichzeitig so zu spielen, daß ein Angriff aufgebaut werden kann. Beim unteren Zuspiel kann die gleiche Präzision wie beim oberen erreicht werden. Dafür ist notwendig, daß der Bagger technisch richtig ausgeführt wird.
Es gibt zwei Arten, den beidarmigen und den einarmigen Bagger, wobei der einarmige Bagger ein Element der *Feldabwehr* ist. Eine größere Genauigkeit im Feldzuspiel kann durch den beidarmigen Bagger erreicht werden.

Technikbeschreibung

Armhaltung
Die Arme sind völlig gestreckt und geschlossen. Die eine Hand ruht in der anderen derart, daß die Daumen nach außen zeigen.

Der Ball muß stets auf die Unterarme unterhalb des Ellbogengelenks fallen. Genaugenommen sollte er im ersten Drittel der Unterarme, kurz über den Handgelenken auftreffen (siehe Foto 2, Seite 73).

Bewegungsablauf

Der Ball wird so gespielt, daß die Kraft der Beine und der Arme auf ihn übertragen wird.

Das Körpergewicht wird auf den vorderen Fuß verlagert.

Die Arme werden kaum aktiv eingesetzt. Die Schultergelenke werden bis in Höhe der Ohrläppchen angehoben. Der Ball wird quasi in die gewünschte Spielrichtung «gedrückt».

Der Oberkörper bleibt in leichter Vorlage, der Körper befindet sich hinter dem Ball.

Beide Schultern müssen in die gewünschte Spielrichtung zeigen.

Merke

- Arme strecken und vom Oberkörper lösen
- Daumen zeigen nach außen
- Körper hinter den Ball und in Spielrichtung bringen
- kaum aktiver Armeinsatz, die Arme bleiben weg vom Körper, sind völlig gestreckt und werden nicht über Schulterhöhe nach vorn oben gebracht
- Oberkörper bleibt in leichter Vorlage

Übungsformen zum Erlernen und Vervollkommnen

I. Einzelübungen

1. Ball aus dem Stand bei richtiger Armhaltung ohne Pause nach oben baggern (circa 50 cm hoch)
2. Ball aus dem Stand circa 2 m hoch baggern
3. Ball aus dem Stand abwechselnd flach und hoch baggern
4. Ball an die Wand baggern
5. Übungsformen (1) bis (3), aber aus dem Vorwärtsgang
6. Übungsformen wie (5), aber aus dem Rückwärtsgang
7. Übungsform wie (6) mit schweren Bällen (Fuß-/Basketball)
8. Ball an die Wand werfen, dann baggern und anschließend auffangen
9. Ball an die Wand in dort markierte Felder baggern; auf Genauigkeit achten
10. Übungsform wie (9), nur mit unterschiedlichen Entfernungen des Spielers zur Wand

II. Partnerübungen

1. Ein Partner steht und wirft den Ball zum knienden Partner. Dieser baggert den Ball durch Armeinsatz zurück (Abstand variieren).
2. Beide Partner stehen; einer wirft den Ball, der andere baggert zurück (Abstand variieren).
3. Beide Partner spielen sich den Ball nur im Bagger zu.
4. Übung wird mit zwei Bällen durchgeführt. Partner 1 wirft den ersten Ball zu Partner 2, dieser baggert zurück; Partner 1 wirft nun sofort den zweiten Ball (nonstop).

III. Partnerübungen nach vorausgegangener Bewegung

Gleiche Übungen wie beim oberen Zuspiel jetzt mit Hilfe des Baggers durchführen.

1. Drei oder mehrere Spieler stehen auf Position VI hinter einem Kasten. Der Trainer wirft von Position III den Ball im Bogen abwechselnd zur vorgerückten Position I und V. Die Spieler laufen abwechselnd zu diesen Positionen und spielen den Ball gerade nach vorn (Richtung Seitenlinie). Hier fängt ein Spieler die Bälle auf.
Nach dem Baggern stellen sich die Spieler wieder hinten an.

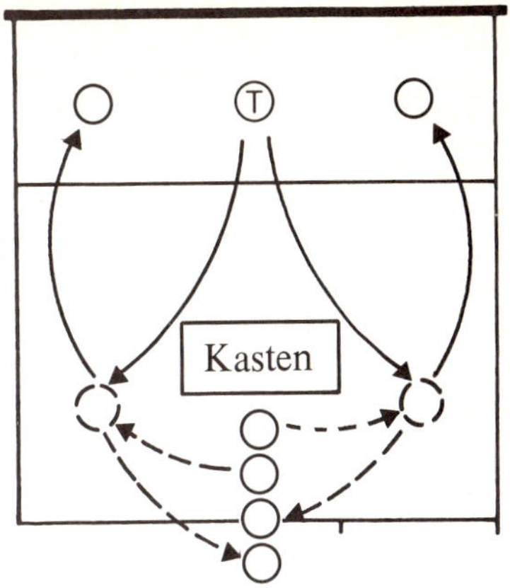

2. Übungsform wie (1); nur wird der Ball diagonal an das Netz gebaggert.

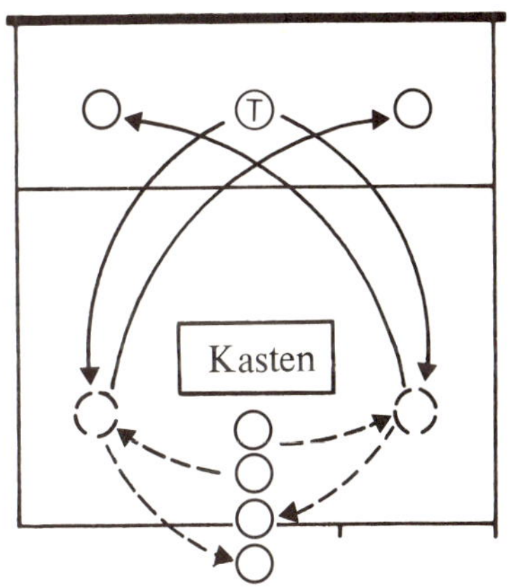

3. Unteres Zuspiel im Dreieck nach Bewegung zum Ball.
Ein Spieler steht auf Position II, ein anderer auf Position IV. Zwei oder mehrere Spieler stehen auf Position VI. Der Ball wird von der Position VI zur Position II, von Position II zur Position IV und von hier zurück zur Position VI gespielt.
Nach dem Abspiel laufen die Spieler auf die Position, zu der sie den Ball gespielt haben.

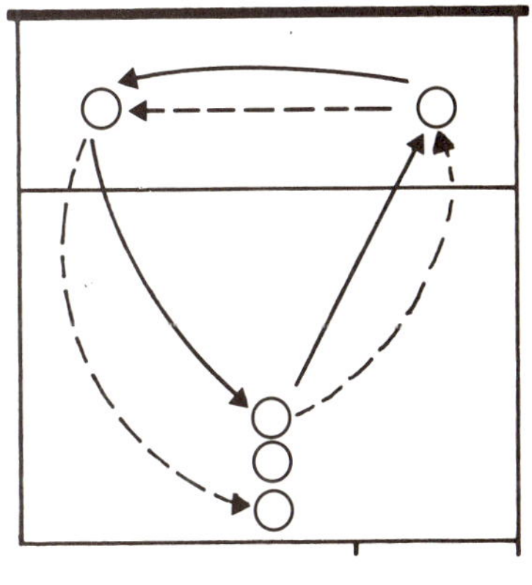

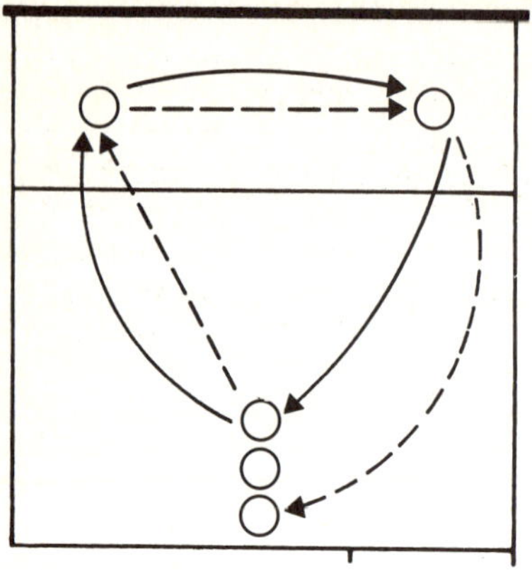

4. Übungsform wie (3), nur in entgegengesetzter Richtung.

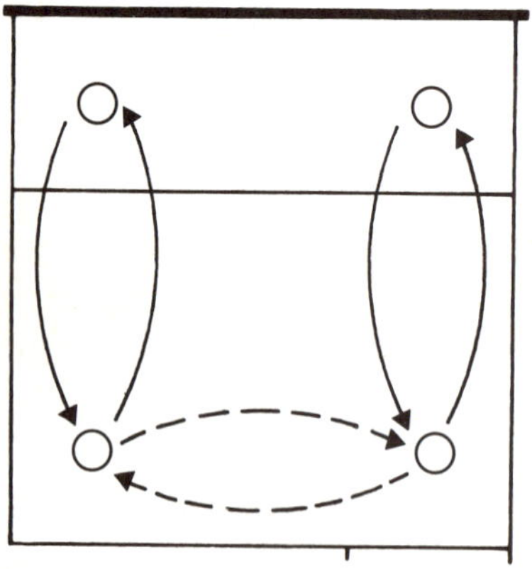

5. Auf den Positionen I, V, IV und II steht je ein Spieler. Die Spieler auf Position II und IV werfen gleichzeitig einen Ball zu den Spielern auf Position I bzw. V. Diese baggern den Ball zu den anwerfenden Spielern und wechseln anschließend schnell die Plätze.

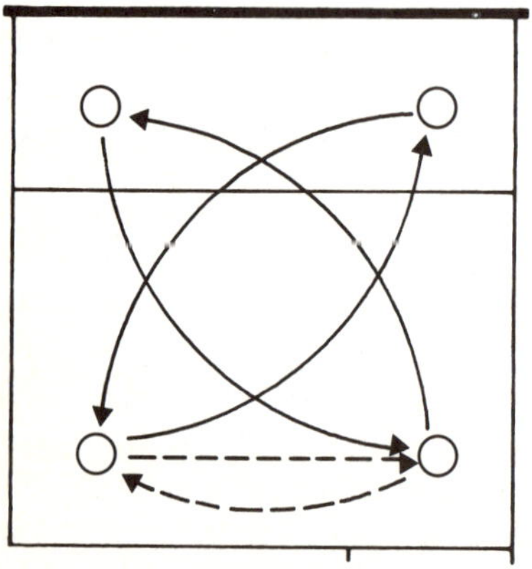

6. Übungsform wie (5); nur erfolgt das Anwerfen und Spielen des Balls diagonal.

Fehler und Korrekturhilfen

Zuspielart	Hauptfehler	Ursachen	Korrekturhilfen
unteres Zuspiel – beidarmig	unkontrollierte Annahme des Balls – Bälle springen weg	Ball wird nicht mit den Unterarmen gespielt; Arme sind nicht gestreckt; Körper ist nicht hinter dem Ball	• mit gestreckten Armen (vom Körper weg) Volleybälle und schwere Bälle vor dem Körper unterschiedlich hoch baggern
	Doppelschlag	Arme sind nicht zusammen; Hände sind nicht verschränkt	• mit leichten und schweren Bällen an die Wand baggern
	Ball rollt über die Arme hinweg	Hohlkreuz, Körper ist nicht hinter dem Ball	• Partnerübungen mit Erlaufen von hochgeworfenen Bällen

Taktische Hinweise

Das untere Zuspiel ist nicht nur als Abspiel zum Mitspieler zu verstehen, sondern dient in erster Linie dem Zweck, Pässe zu spielen. In der Ausbildung muß darum der Kampf um eine hohe Qualität Berücksichtigung finden.

Das untere Zuspiel ist taktisch richtig, wenn

- der Zuspieler so angespielt wird, daß er sein gesamtes Repertoire ausschöpfen kann,
- in Spielsituation bei eigener Aufgabe versucht wird, nach Blockberührung oder schwachem Angriff – ohne oberes Zuspiel – erste Pässe zu spielen,
- bei ersten Pässen darauf geachtet wird, daß der Ball nicht zu nah ans Netz gelangt, um ein Sprungabspiel zu ermöglichen.

Die Aufgabe

Die Aufgabe gibt jedem Spieler die Möglichkeit, ohne die Mithilfe seiner Mitspieler direkt einen Punkt zu erzielen.
Verliert eine Mannschaft das Aufgaberecht, so hat sie auch die Möglichkeit verloren, Punkte zu erzielen. Sie hat damit die Spielinitiative aus der Hand gegeben.
Es gibt eine Vielzahl von Aufgabemöglichkeiten. Im folgenden werden behandelt:

- die untere Frontalaufgabe
- die obere Frontalaufgabe (Tennisaufgabe)
- die Flatteraufgabe

Die Schnellkraft der Arme und des Rumpfs sowie eine große Konzentrationsfähigkeit sind Voraussetzungen für die Ausführung der Aufgabe.
Sehr wesentlich für das Gelingen der Aufgabe ist das richtige Anwerfen des Balls.

Technikbeschreibung

Untere Frontalaufgabe

Beinhaltung
Die Beine stehen in leichter Grätschschrittstellung, die Füße sind nicht mehr als schulterbreit auseinander. Rechtshänder: linker Fuß ist vorn – Linkshänder: rechter Fuß ist vorn.

Körper- und Armhaltung
Der Körper ist nach vorn über den Ball gebeugt; der Schlagarm ist gestreckt und wird locker neben dem Körper geführt.

Bewegungsablauf
Der leicht angeworfene Ball wird mit offener Handfläche und gestrecktem Arm geschlagen.

Der Oberkörper richtet sich dabei leicht auf und geht in Spielrichtung des Balls (kein Hohlkreuz!).

Die Körperlast liegt vorwiegend auf dem vorderen Fuß.

Merke
- Ball nur leicht anwerfen
- mit langem Arm und offener, fester Hand schlagen
- Oberkörper hebt sich nur leicht
- Körperlast ruht auf dem vorderen Fuß

Obere Frontalaufgabe

Beinhaltung

Leichte Grätschschrittstellung; die Füße sind nicht weiter als schulterbreit auseinander. Bei Rechtshändern ist der linke Fuß vorn.

Anwerfen des Balls

- Bewegungsablauf der Ausholbewegung

  Nach dem Anwerfen erfolgt eine Gewichtsverlagerung. Das Körpergewicht, das auf beiden Füßen ruhte, wird auf den hinteren Fuß verlagert.

Der Oberkörper wird bis ins Hohlkreuz zurückgeführt.

Der Schlagarm wird locker weit nach hinten geführt; dabei ist er im Ellbogengelenk gebeugt.

- Bewegungsablauf der Schlagbewegung
  Im Umkehrpunkt des angeworfenen Balls beginnt die Schlagbewegung des Schlagarms. Dieser schnellt nach vorn–oben; das Schultergelenk hebt sich.
  Es kommt zur Verlagerung des Körpergewichts vom hinteren auf den vorderen Fuß.

Der Ball wird mit gestrecktem Arm und offener, angespannter Hand in maximaler Höhe geschlagen.

Nach dem Schlag wird das in Spielrichtung verlagerte Körpergewicht durch einen Schritt nach vorn abgefangen.

Merke

- Richtiges Anwerfen des Balls ist für das Gelingen der Aufgabe sehr wichtig.
- Der Schlag erfolgt mit gestrecktem Arm und fester Hand.
- Während der Ausholbewegung Gewicht auf den hinteren Fuß verlagern und Hohlkreuz bilden.
- Abfangen des Körpergewichts durch Schritt nach vorn.

Flatteraufgabe

Die Flatteraufgabe ist die modernste Aufgabeart, die von allen Spitzenspielern beherrscht wird. Die Schwierigkeit, diese Aufgabe zu schlagen, liegt darin, den Ball am richtigen Punkt zu treffen. Er muß nämlich so getroffen werden, daß die Kraftwirkung genau durch den Massenmittelpunkt des Balls geht (siehe *Abbildung 1*). Es flattert nur der Ball, der nicht rotiert. Die flatternde oder schwebende Wirkung wird dadurch erreicht, daß vor dem Ball ein Luftstau entsteht. Durch den Luftwiderstand gelangt der Ball in eine ungerade Flugbahn und bricht abwechselnd nach beiden Seiten aus (siehe *Abbildung 2*). Rotiert hingegen der Ball, dann verliert sich dieser Effekt sofort, da jetzt der frontale Luftwiderstand unter den Ball gebracht wird (siehe *Abbildung 3*).

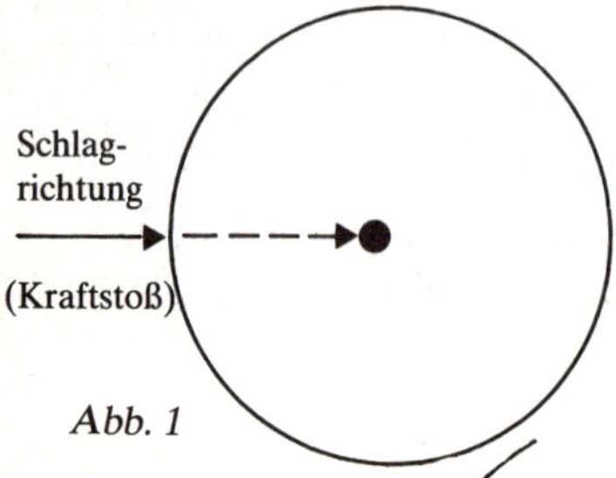

Abb. 1

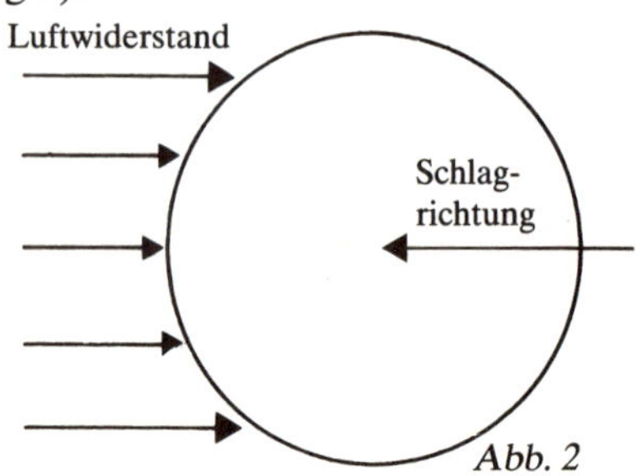

Abb. 2

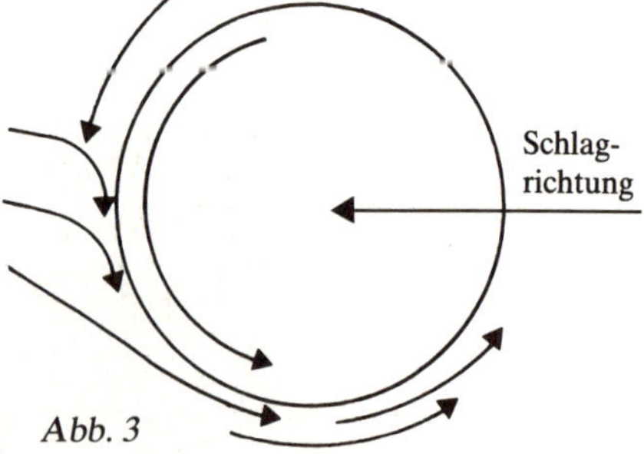

Abb. 3

Handhaltung
Die Hand ist angespannt, die Finger zeigen leicht nach vorn. – Einige Spitzenspieler schlagen auch mit der geschlossenen Faust.

Anwerfen des Balls
Der Ball wird flach angeworfen, ohne daß er Effet bekommt.

Schlagbewegung
Die Kraft für die Schlagbewegung kommt hauptsächlich aus dem Arm. Dieser wird von hinten – ohne Bogenspannung – gestreckt nach vorn geführt, so daß der Ball vor dem Kopf getroffen wird.

Die Hand bleibt nach der Ballberührung senkrecht stehen.

Merke
- Es flattert nur der Ball, der nicht rotiert.
- Der Ball muß von hinten genau im Zentrum getroffen werden.
- Ball in Kopfnähe spielen!
- Die Hand bleibt nach dem Schlag senkrecht stehen.

Übungsformen zum Erlernen und Vervollkommnen

Die Übungsformen zum Erlernen und Vervollkommnen der beschriebenen Aufgabearten müssen derart sein, daß die Zielgenauigkeit wesentliches Element der Ausbildung ist. Nur eine placiert geschlagene Aufgabe bringt den erwünschten Erfolg. Neben der Schulung von Bewegungsabläufen steht also das Training der Zielgenauigkeit im Vordergrund.

I. Einzelübungen

1. Einarmige Würfe mit Basket- oder leichten Medizinbällen in der Technik der unteren und oberen Frontalaufgabe (Armstreckung beachten).
2. Einarmige Würfe in der Technik der unteren und oberen Frontalaufgabe mit leichten Medizinbällen auf Markierungen an der Wand; Abstand variieren.
3. Einarmige Würfe aus dem Aufgaberaum über das Netz in der Technik der unteren und oberen Frontalaufgabe.
4. Einarmige Würfe in obengenannter Technik aus dem Aufgaberaum über das Netz auf ein markiertes Feld im gegnerischen Feld.
5. Volleyball anwerfen, anschließend auf den Boden aufprallen lassen.
6. Schlagen des Volleyballs in der Technik der oberen und unteren Frontalaufgabe an die Wand.
7. Übungsform wie (6), nur aus dem Aufgaberaum ins gegnerische Feld.

II. Partnerübungen

1. Untere und obere Frontalaufgabe zum Partner schlagen; Abstand variieren.
2. Aufgabe aus dem Aufgaberaum zum Partner ins gegnerische Feld schlagen.
3. Aufgabe zum Partner, der im gegnerischen Feld die Positionen wechselt.

Fehler und Korrekturhilfen

Aufgabeart	Hauptfehler	Ursachen	Korrekturhilfen
untere Frontalaufgabe	Ball geht ins Seitenaus	Oberkörper bewegt sich um die Körperlängsachse	• Bälle aus der Ausgangsstellung ohne Drehung des Oberkörpers auf bestimmte Ziele werfen
	Ball geht zu steil nach oben	Oberkörper wird ruckartig nach oben, teilweise ins Hohlkreuz, gestreckt	• Bälle von der Ausgangsstellung mit weiter Oberkörpervorlage werfen und schlagen
	Ball wird nicht genau placiert	Arm ist nicht gestreckt, Gesamtbewegung ist nicht koordiniert	• Aufgabe mit Gesamtbewegung auf Ziele an der Wand und zum Partner, Abstand von 9 auf 16 m erweitern
obere Frontalaufgabe	Ball geht weit hinter dem gegnerischen Feld ins Aus	Ball wird von unten geschlagen, Hand ist nicht auf dem Ball	• Aushol- und Schlagbewegung üben; Ball an die Wand und zum Partner spielen; Ball nicht anwerfen, sondern nur hochhalten
	Ball wird unkontrolliert geschlagen	Ball wird schlecht angeworfen, oder die Gesamtbewegung ist nicht koordiniert	• ein- und beidarmiges Anwerfen – Aufgabe zum Partner
Flatteraufgabe	Ball rotiert	Hand trifft nicht das Zentrum des Balls, ist zu locker, oder das Handgelenk ist nicht fixiert	• Aufgabe mit der geballten Faust durchführen • Aufgabe schlagen und Hand vor dem Kopf stehen lassen

Taktische Hinweise

Die Aufgabe ist im modernen Volleyball bereits das erste Angriffselement. Mit ihr kann schon die Grundlage für einen Punktgewinn gelegt werden.

Die Aufgabe muß so geschlagen werden, daß der Gegner seine Angriffsstärke nicht ausschöpfen kann.

Taktisch richtig geschlagene Aufgaben können sein:

- Aufgaben auf den schwächsten Annahmespieler des Gegners.
- Aufgaben weit entfernt vom Hauptangreifer.
- Spielt der Gegner mit Läufer, Aufgabe direkt auf Läuferposition.
- Aufgaben weit weg vom besten Annahmespieler.
- Aufgaben, die bei schlechten Lichtverhältnissen direkt aus dem Licht kommen und auf die sich der Gegner erst sehr spät einstellen kann.
- Aufgaben, deren Art nach dem System der Annahme (bei enger Spielstellung im Annahmeriegel – Flatteraufgaben schlagen; bei gelockerter Aufstellung im Annahmeriegel – harte Aufgaben bevorzugen) oder nach dem Niveau der Annahme gewählt wird.
- Aufgaben auf den eingewechselten Spieler.
- Gefährliche Aufgaben auf den Angreifer, so daß seine Angriffshandlung beeinträchtigt wird.

Die Abwehr der Aufgabe

Die Aufgabe wird mit Hilfe des unteren Zuspiels abgewehrt. Man bezeichnet dies mit *Annahme*. Diese Annahme ist besonders wichtig, wenn der Gegner Aufgaberecht hat. Ein Fehler bedeutet hier den sofortigen Punktverlust für die annehmende Mannschaft. Der Ball muß also sauber angenommen werden; denn nur dadurch kann der Angriff optimal aufgebaut werden. Bei hoher Perfektion in diesem Element hat die Mannschaft die Möglichkeit, einen gebaggerten Ball sofort zu schlagen oder den Angriff durch ein oberes Zuspiel weiter aufzubauen.

Voraussetzungen für eine solche Perfektion sind allerdings das konzentrierte Beobachten des gegnerischen Aufgabespielers und die Kenntnis von der Wirkung der unterschiedlichen Aufgabemöglichkeiten.

Technikbeschreibung
Ausgangsstellung
Bewegung am Ort in leichter Grätschschrittstellung; Aufgabespieler aufmerksam beobachten.

Flugbahn des Balls mit gestreckten Armen beobachten. Die Hände sind fest zusammengefaßt, die Daumen zeigen nach außen.

Schnelle Bewegung zum Ball; Körper hinter den Ball bringen.

Die Arme sind weit vom Körper weg in Spielrichtung gebracht, die Schultern werden ebenfalls in Spielrichtung gedreht. Beobachten des Balls bis zum Auftreffen auf die Arme.

Bewegungsablauf
Im Moment der Annahme: sicherer Stand in leichter Schrittstellung.

Der Ball wird aus den Beinen und Schultern gespielt; dabei liegt die Körperlast auf dem vorderen Fuß. Keine aktive Armbewegung.

Die Arme befinden sich nach der Annahme fast in Schulterhöhe vor dem Kopf.

Nach dem Abspiel Arme locker nach vorn halten.

Merke
- Körper in ständiger Bewegung hinter den Ball bringen, dann stehen bleiben.
- Arme und Schultern zeigen in Spielrichtung.
- Arme sind eng zusammen und weit vom Körper weg.
- Ball aus den Beinen und Schultern spielen.

Übungsformen zum Erlernen und Vervollkommnen

Neben der Technikschulung sind die Genauigkeit der Annahme und die Aufmerksamkeit zu schulen. Geht einem Spielaufbau eine ungenaue Annahme voraus, so kann die Angriffsstärke der Mannschaft nicht ausgeschöpft werden.

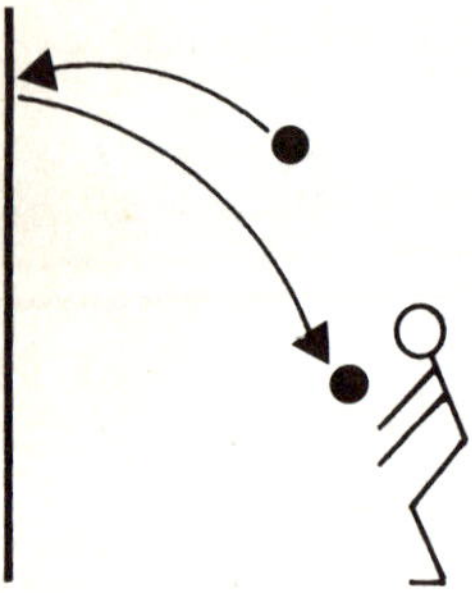

I. Einzel- und Partnerübungen

1. Spieler wirft einen Ball ein- oder beidarmig an die Wand und nimmt den abgeprallten Ball bei richtiger Armhaltung an; Abstand zur Wand variieren.

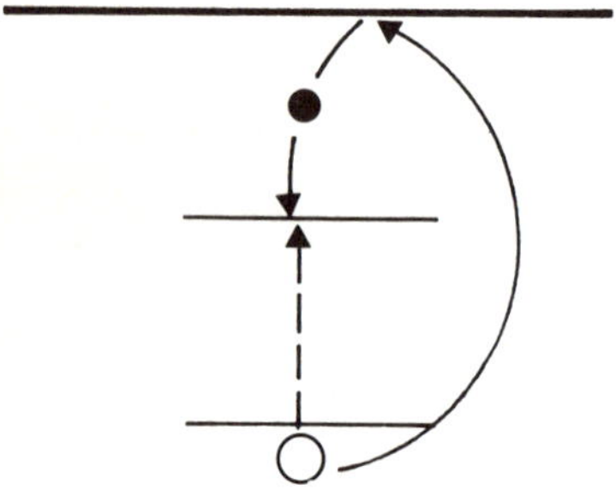

2. Übungsform wie (1); nur wird der Ball aus einer größeren Entfernung geworfen. Spieler läuft anschließend vor und nimmt den Ball an.

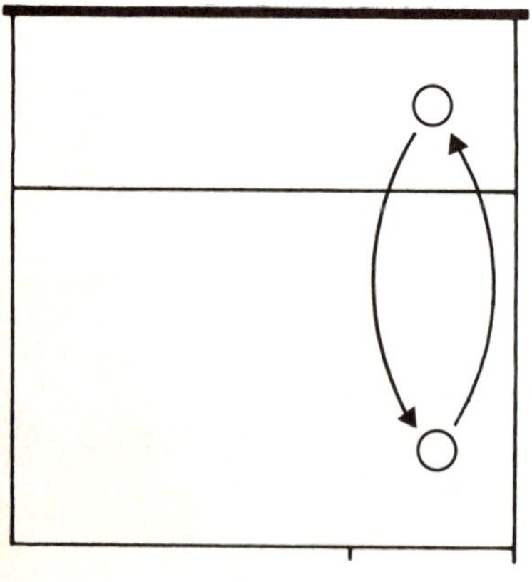

3. Annahme der durch einen Partner zugeworfenen Bälle; Abstand bis auf 16 m erweitern.

4. Übungsformen (1) bis (3) mit der Auflage, den Ball auf ein festgelegtes Ziel zu spielen.

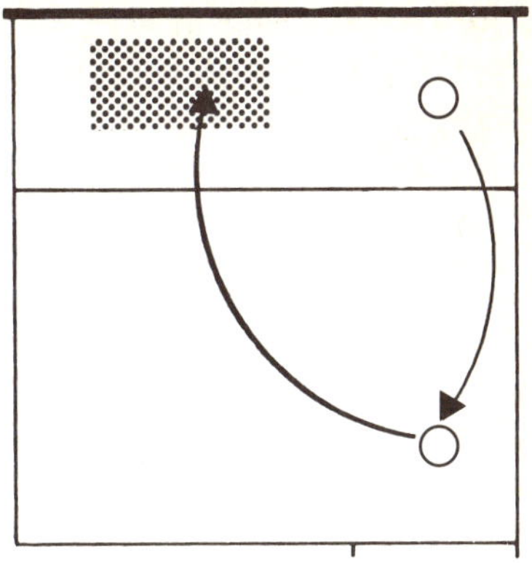

II. Abwehr der Aufgabe von verschiedenen Positionen

1. Ball von Position V zu einem Ziel auf Position III abwehren (zum Beipiel Matte auf einem Kasten).

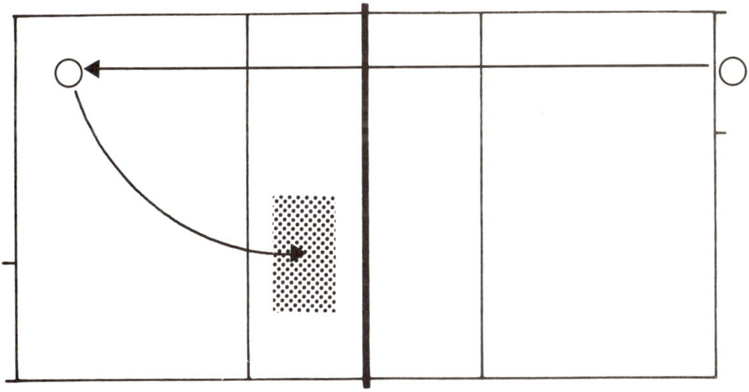

2. Der Annahmespieler nimmt von allen weiteren Positionen aus an und bringt den Ball zum Ziel auf Position III.

3. Das Ziel kann anschließend auf Position II und IV gestellt werden.

4. Einen Anreiz bietet ein kleiner Wettkampf. Eine festgelegte Anzahl von Annahmen muß von jedem Spieler durchgeführt werden (zum Beispiel 30). Die Treffer im Ziel werden gezählt. Wer die meisten Treffer erzielt hat, ist Sieger.

Vier Spieler schlagen oder werfen nacheinander Bälle zum Abwehrspieler, dieser wehrt die Bälle zum Zuspieler hin ab. Der Zuspieler rollt die Bälle zu den vier Spielern zurück (hohe Intensität).

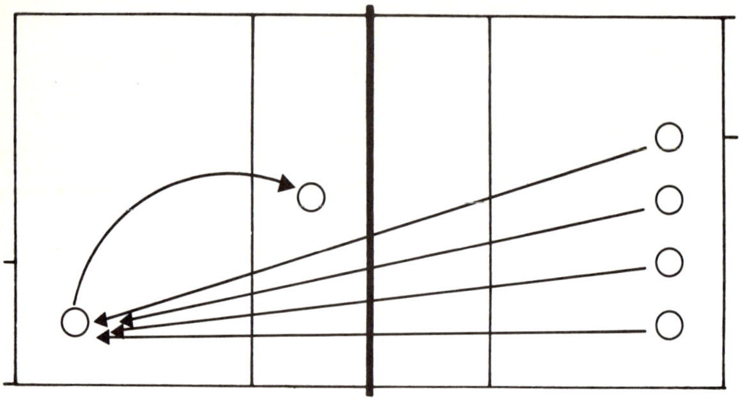

III. Abwehr der Aufgabe in der Gruppe

1. Von den Annahmepositionen I, VI und V werden Bälle zum Ziel auf Position III gebracht. Nach einer festgelegten Trefferzahl werden die Positionen gewechselt.

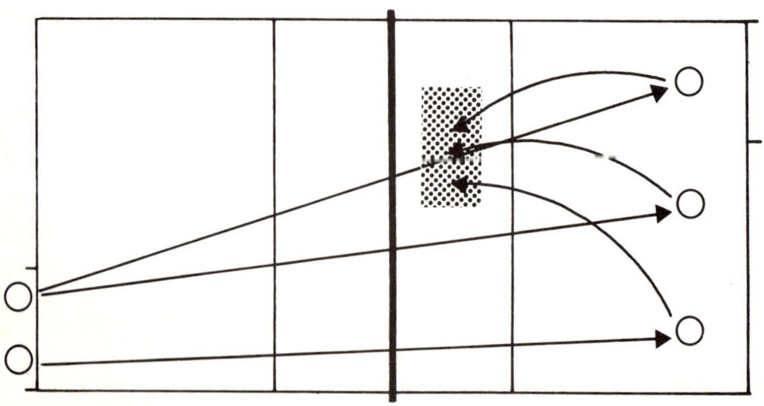

2. Zwei Aufgabespieler schlagen Bälle im Wechsel zu Annahmespielern auf Position V und VI; diese spielen den Ball zur Läuferposition (zwischen II und III) zum Zuspieler. Dieser rollt die Bälle zu den Aufgabespielern (hohe Intensität).

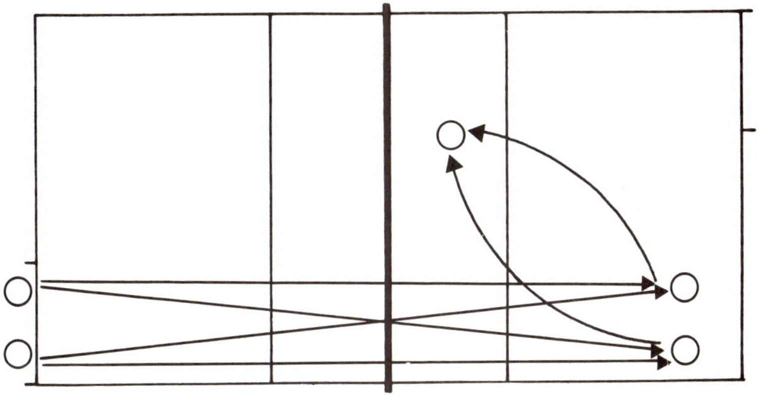

3. Übung mit zwei Bällen. – Aufgabe- und Zuspieler auf Läuferposition haben je einen Ball. Der Aufgabespieler schlägt seinen Ball auf den Annahmespieler zu Position II, der Zuspieler rollt seinen Ball gleichzeitig zum Aufgabespieler. Die Annahme erfolgt genau auf den Zuspieler (hohe Intensität).

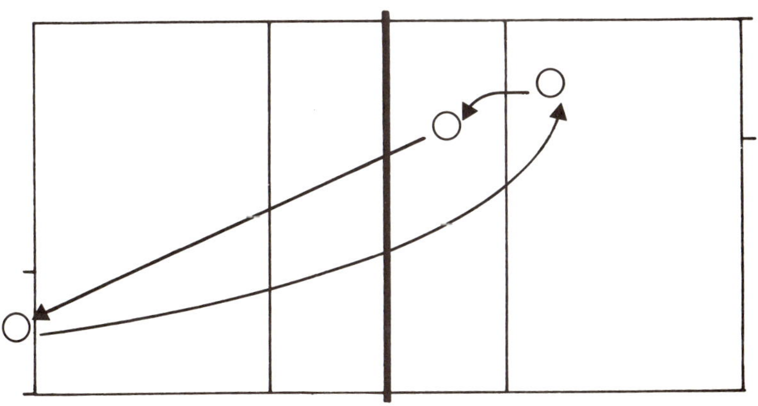

4. Übung wie (1); nur wird der Ball zum Zuspieler gespielt, der die Bälle zum Aufgabespieler zurückrollt.

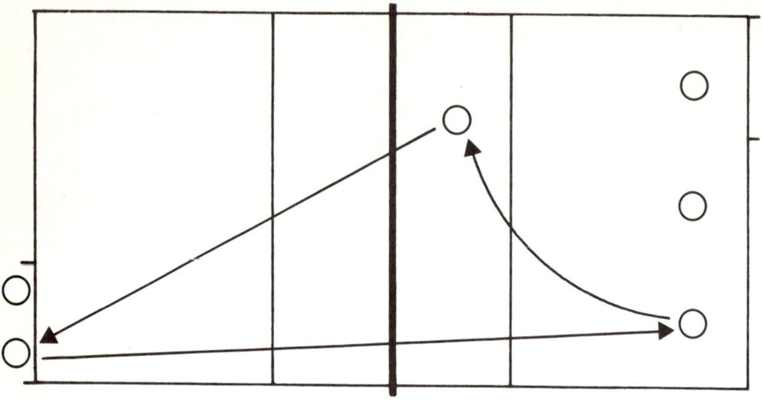

Fehler und Korrekturhilfen

Hauptfehler	Ursachen	Korrekturhilfen
schlechte Armhaltung – Ball wird unkontrolliert angenommen, Ball rollt über die Arme oder springt seitlich weg	Arme sind nicht gestreckt und zu nah am Körper	• Ball aus dem Stand oder Laufen nonstop annehmen; auf gestreckte Armhaltung achten • Trainer wirft Bälle hoch ins Feld – Spieler müssen den Ball mit gestreckten Armen und Körperdrehung hinter dem Ball auffangen
Ball springt zu hoch	Arme schlagen den Ball, oder der Spieler geht ins Hohlkreuz	• Bälle mit Körpervorlage und Belastung des vorderen Fußes an die Wand baggern

Taktische Hinweise
Eine hohe Qualität in der Annahme ermöglicht es einer Mannschaft, alle Angriffspotenzen voll auszuspielen. In der Ausbildung sollte darum die Schulung von Qualität und Sicherheit berücksichtigt werden.
Taktisch richtig angenommene Bälle sind Bälle, die
- hoch in den 3-m-Raum gespielt werden;
- genau auf den Zuspieler gespielt werden;
- hoch auf die Läuferposition im 3-m-Raum gespielt werden;
- direkt zum ersten Paß gespielt werden; dabei ist wieder darauf zu achten, daß der Ball nicht zu nah ans Netz gelangt, um ein Sprungabspiel zu ermöglichen.

Ein wesentlicher Faktor, der bei der Annahme erfüllt sein muß, ist die volle Konzentration auf den gegnerischen Aufgabespieler. Dabei muß sich der Annahmeriegel auf die unterschiedlichen Aufgabearten (enger Riegel bei Angriffsaufgaben, gelockerter Riegel bei leichten Aufgaben) einstellen.

Der Angriffsschlag

Der Angriffsschlag ist das wichtigste Element des Angriffs, der den Ausgang des Spiels entscheidend beeinflußt. Er ist das letzte Glied in der Handlungskette Block–Abwehr–Zuspiel–Angriff.
Ein positiver Angriff bedeutet Punktgewinn oder Gewinn des Aufgaberechts.
Der Erfolg des Angriffs hängt wesentlich vom Aufbauspiel der Mannschaft ab. Weiterhin ist ein gutes Zusammenspiel zwischen Zuspieler und Angriffsspieler notwendig; denn nur so können alle taktischen Möglichkeiten ausgeschöpft werden. Dabei ist eine ständige Beobachtung der Gegenspieler, besonders der Blockspieler, wichtig.
Der Angriffsspieler muß über große Sprungkraft, Sprungausdauer, Sprunggewandtheit sowie hohe Schlagkraft verfügen.

Technikbeschreibung

Anlauf

1. Von allen Positionen erfolgt ein schräger Anlauf zum Netz. In der Regel wird ein Dreierrhythmus bevorzugt, das heißt, es werden drei Schritte gemacht, bevor der Absprung erfolgt.
Der Anlauf schließt mit einem Stemmschritt ab, bei dem ein lockerer Armschwung durchgeführt wird.

2. Der letzte Schritt ist ein flacher, langgezogener Schritt, bei dem der linke oder rechte Fuß (Rechts- oder Linkshänder) vorn steht. Beide Arme werden locker zurückgeführt.

3. Der andere Fuß wird schnell und flach nachgezogen, so daß eine enge, leichte Schrittstellung erreicht wird. Die Arme werden zur betonten Ausholbewegung geführt.

4. Die Fußstellung ist so, daß die Fersen beider Füße den Boden zuerst berühren.

Absprung

1. Beide Füße setzen gleichzeitig auf. Sie rollen von der Ferse zur Spitze ab.

2. Der Absprung erfolgt aus einer Kniebeuge (circa 90 Grad) mit betontem Armeinsatz.

3. Durch das Hochreißen beider Arme bis über den Kopf erfolgt eine Streckung des gesamten Körpers.

4. Schlagarm und Schlagschulter werden weit nach hinten geführt. Dabei ist das Ellbogengelenk eingewinkelt und wird ebenfalls weit zurückgeführt.

Schlagbewegung
Es muß ein fließender Übergang von der Aushol- zur Schlagbewegung erfolgen.
Schulter und Ellbogen gehen nach vorn–oben.

Im Moment der Ballberührung ist der Schlagarm völlig gestreckt. Die Hand muß flach und fest sein und den Ball von oben treffen.

Der Arm, der nicht schlägt, wird zum Brustbein gezogen.
Die Landung erfolgt dort, wo der Absprung stattfand.

Merke
- Anlauf im Dreierrhythmus mit lockerem Armschwung.
- Absprung mit Stemmschritt und betontem Armeinsatz beider Arme.
- Angriffsschlag mit langem Arm und fester Hand über den Ball.
- Landung dort, wo Absprung erfolgte. Kein Schweben!

Übungsformen zum Erlernen und Vervollkommnen

I. Übungen ohne Ball
1. Erlernen des Stemmschritts mit Absprung aus einem Auftaktschritt
   Übungen mit dem rechten und linken Fuß durchführen.
2. Ausführen des Stemmschritts mit Absprung aus dem Dreierrhythmus
   a) rechts–links–Stemmschritt
   b) links–rechts–Stemmschritt
3. Übungen wie (1) und (2); nur erfolgen Absprung und Landung in einem markierten Kreis (Durchmesser nicht größer als 60 cm)
4. Übung wie (3), nur mit Durchführung eines imitierten Angriffsschlags
5. Schräger Anlauf im Dreierrhythmus von der Angriffsposition IV zum Netz, Absprung und Schlagbewegung
6. Übung wie (5), nur von Position III
7. Übung wie (5), nur von Position II

II. Übungsformen mit Ball
1. Ball vor dem Körper mit beiden Händen hochwerfen, Absprung aus einem Auftaktschritt; den Ball über dem Kopf mit gestrecktem Arm in Schlaghaltung auffangen
2. Übung wie (1), nur den Schlag durchführen
3. Übung wie (1) mit zwei bis drei Anlaufschritten; auf genaues und hohes Anwerfen des Balls achten
4. Die Spieler stehen sich paarweise gegenüber (je drei in jedem Spielfeld). Der am Netz stehende Spieler führt mit dem angeworfenen Ball einen Angriffsschlag zur Grundlinie aus, wo der Partner den Ball fängt oder abwehrt. Anschließend Wechsel der Funktionen (siehe *Abbildung 1*, Seite 100).

Die Partner können auch so zueinander stehen, daß der Ball diagonal geschlagen werden muß (siehe *Abbildung 2* und *3*).

5. Ausführung von Angriffsschlägen von der Position IV diagonal und entlang der Linie
6. Ausführung von Angriffsschlägen von Position IV nach Zielen, die in Form von Kreisen im Durchmesser von circa 50 cm auf den verschiedenen Positionen des gegnerischen Felds aufgezeichnet werden
7. Ausführung des Angriffsschlags von Position IV nacheinander zu den Positionen V, I, VI
8. Übungsformen (5) bis (7); nur die Angriffe von der Angriffsposition III aus durchführen
9. Übung (5) bis (7), nur von der Angriffsposition II
10. Drei oder mehrere Spieler stehen auf der Angriffsposition IV. Der Trainer wirft nonstop hohe Bälle; die Spieler schlagen möglichst fehlerlos abwechselnd je 30 Bälle, *Abbildung 4*
11. Übungsform wie (10), nur erfolgt der Angriff von der Position III aus
12. Übungsform wie (10), nur erfolgt der Angriff von der Position II aus
13. Übungsform (10) bis (12), nur Schlagen von kurzen und aufsteigenden Bällen

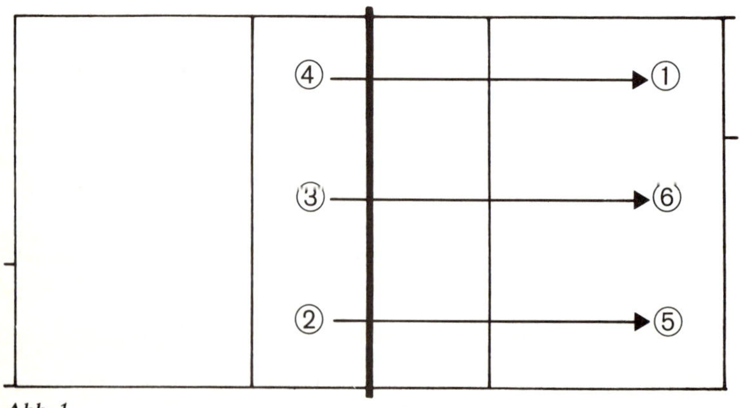

Abb. 1

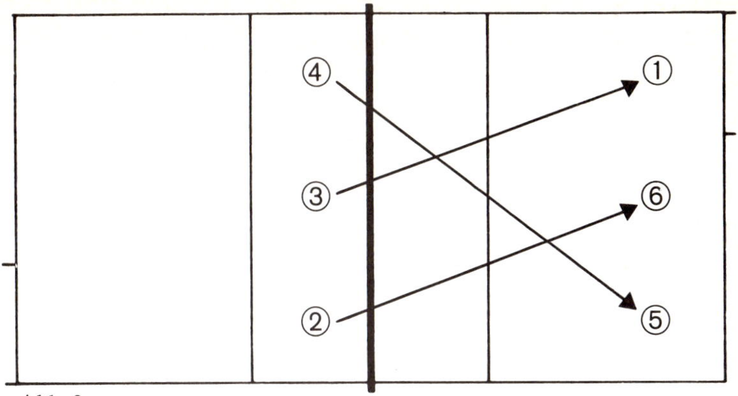

Abb. 2

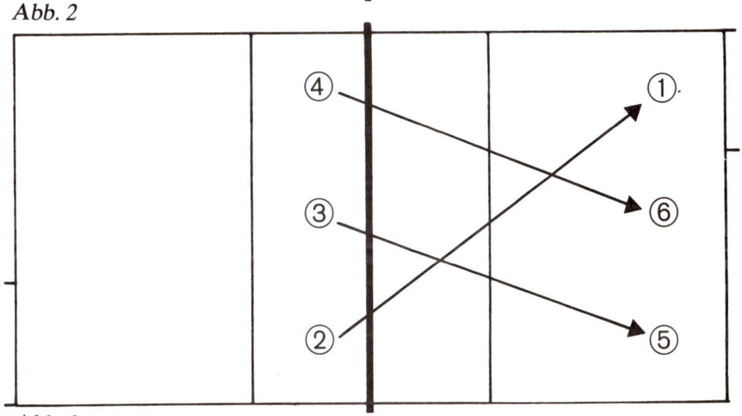

Abb. 3

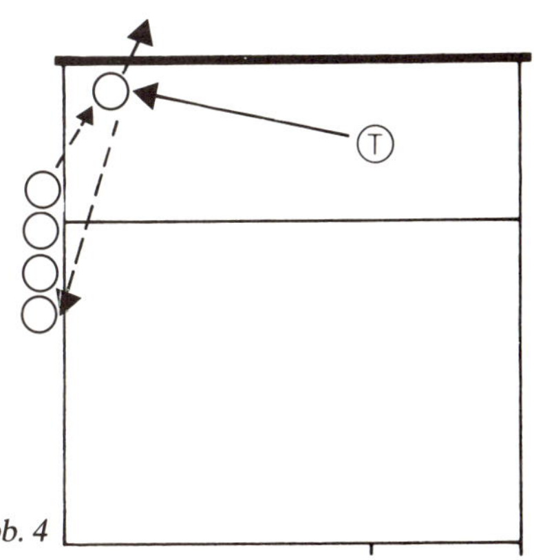

Abb. 4

Fehler und Korrekturhilfen

Hauptfehler	Ursachen	Korrekturhilfen
Angreifer schwebt nach vorn ins Netz	kein Stemmschritt	• Stemmschritt aus dem Auftaktschritt nach hohem Ziel durchführen
Ball geht weit ins Aus	Angreifer hängt unter dem Ball, Hand kommt nicht auf den Ball	• Trainer hält Bälle auf den verschiedenen Angriffspositionen hoch über der Netzoberkante – Spieler springt an markierter Stelle ab und schlägt den Ball ins Feld
Ball geht ins Netz	Es wird mit angewinkeltem Arm geschlagen, Ellbogen bleibt nicht oben, Handgelenk wird extrem angewinkelt	• Schlagen angeworfener Bälle aus dem Stand und aus einem Auftaktschritt
Ball wird zu flach abgeschlagen	mangelndes Sprungvermögen, oder Schlagarm ist im Moment der Ballberührung nicht gestreckt	• Sprungkrafttraining bzw. Schläge aus dem Stand von zugespielten Bällen in Höhe der Angriffslinie; Schlagen von sehr hoch gespielten Bällen

Taktische Hinweise

Der Angreifer ist in der Regel der letzte Spieler in der Handlungskette. Darum ist sein Fehler von einem Mitspieler nicht mehr auszugleichen.
Der Angreifer muß lernen, seine Handlungen nach der Qualität des Zuspiels, nach der Stärke des gegnerischen Blocks und der Feldabwehr des Gegners abzustimmen.
Angreifer, die unüberlegt einen Angriff mit einem Fehler abschließen – nicht selten wird dies auf die mangelnde Qualität des Zuspiels zurückgeführt –, haben noch große Mängel im taktischen Vermö-

gen. Gerade für sie gilt: Der Angriff darf auch bei schwachem Zuspiel nicht mit einem Fehler abgeschlossen werden. Ziel muß bleiben, daß der Ball im Spiel bleibt.
Taktisch kluge Angriffe können sein:

- Hohe Pässe über einen kleinen bzw. schwachen Blockspieler vom Zuspieler anfordern und hoch abschlagen.
- Langsame und unaufmerksame Blockspieler durch kurze und aufsteigende Bälle überraschen.
- Placierte Bälle auf schwache Feldabwehrspieler schlagen.
- Bälle in die ungedeckte Zone des Gegners durch Angriff oder Täuschung placieren.
- Block so anschlagen, daß der Ball ins Aus springt.

Der Block

Der Block ist das wichtigste Mittel der Abwehr. Es gibt den *Einer-*, *Zweier-* und *Dreierblock*.
Die Bedeutung des Blocks liegt darin, daß ein scharfer Angriff des Gegners abgeblockt, zumindest aber in seiner Schärfe gemindert werden kann, so daß es für die Abwehrspieler leichter ist, den Angriff abzuwehren. Der Block ist also der Orientierungspunkt für die Feldabwehr.
Bei guter Technik und großer Wettkampferfahrung hat der Block auch Angriffscharakter. Als Angriffselement ist er besonders bei hochklassigen Spielen von Wichtigkeit.
Die notwendigen Voraussetzungen für ein gutes Blockspiel sind große Reichhöhe im Sprung, Sprunggewandtheit, Sprungausdauer und das taktische Vermögen der Spieler.

Technikbeschreibung

Die Hände befinden sich in Schulterhöhe, die Beine sind im Kniegelenk leicht gebeugt.

Schnelle Bewegung zur Absprungstelle. Der Absprung erfolgt für den laufenden Spieler mit kleinem Stemmschritt. Der äußere Blockspieler springt aus tiefer Kniebeuge ab.

Der Absprung beim Doppel- und Dreierblock erfolgt für alle Spieler gleichzeitig.

Die Arme werden nahe am Körper nach oben dem Ball entgegengestreckt. Die Hände sind fest, die Finger gespreizt.

Der Kopf bleibt während des Blockens hinter den Armen; Blick zum Ball.

Der äußere Blockspieler (rechts) bringt die linke, der innere Blockspieler (links) die rechte Schulter vor.

Die Hände werden über dem Netz möglichst lange gehalten. Nach Ballberührung klappen die Hände nach und entspannen leicht.

Die Arme werden zurückgeführt und nach der Landung nach unten genommen.

Merke

- Hände sind in Schulterhöhe, leichte Beuge im Kniegelenk.
- Absprung aus tiefer Kniebeuge, Arme nahe am Körper hochführen.
- Hände sind fest, Finger gespreizt; Hände lange und weit über das Netz halten.
- Nach Ballberührung: Nachklappen der Hände.
- Der Kopf bleibt während des Blockens hinter den Armen.

Übungsformen zum Erlernen und Vervollkommnen

I. Übungsformen ohne Ball – Einerblock

1. Die Spieler stehen sich am Netz paarweise gegenüber. Sprünge aus der tiefen Hocke zum Block; die Hände der Spieler berühren sich über der Netzoberkante.

2. Die Spieler auf den Positionen II, III, IV bilden je einen Einerblock, wobei sich die Hände über der Netzkante berühren. Wechsel der Positionen in schneller Bewegung. Nach dreimaligem Blocken stellt sich der Spieler wieder hinten an.

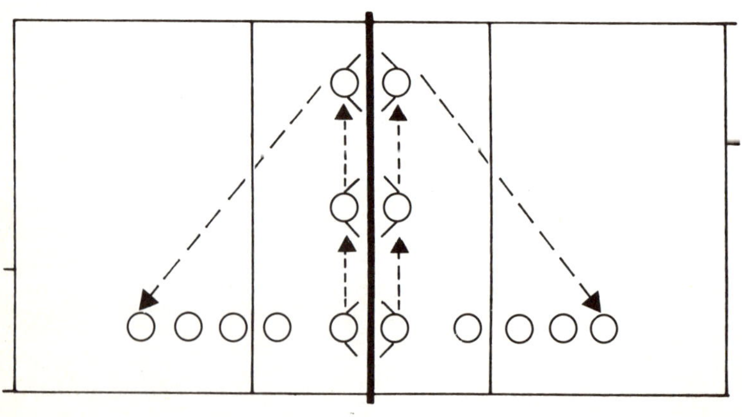

3. Übung wie (2), nur Positionswechsel von Position III zu II bzw. IV

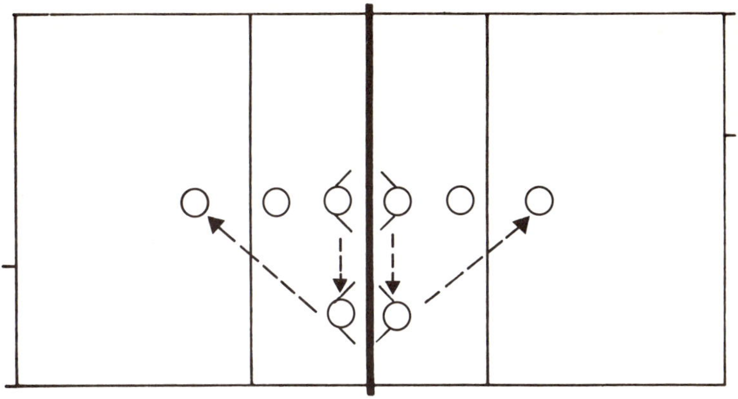

4. Übung wie (3), nur in entgegengesetzter Richtung

5. Die Spieler stehen sich paarweise am Netz gegenüber. Die Spieler auf der einen Netzseite nehmen von der Angriffslinie Anlauf und imitieren einen Angriffsschlag. Die Partner auf der anderen Netzseite stellen je einen Block, indem sie sich bemühen, Schnelligkeit und Richtung des Anlaufs des Angreifers richtig zu bestimmen.

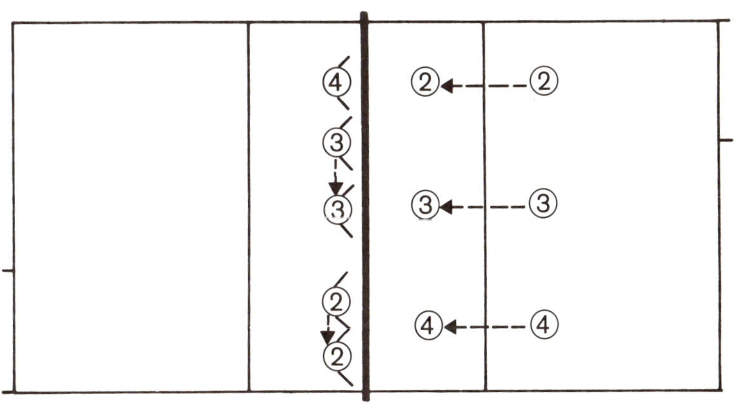

II. Übungsformen mit Ball – Einerblock

1. Die Spieler stehen auf Position II in Reihe hintereinander. Auf Position II wird zum Block gesprungen, wobei mit beiden Händen nacheinander zwei Bälle berührt werden. Anschließend gleiche Übung auf Position III und IV. Die Bälle werden von Spielern gehalten, die auf einem Kasten stehen (vgl. Fotos 1 und 2, Seite 56).

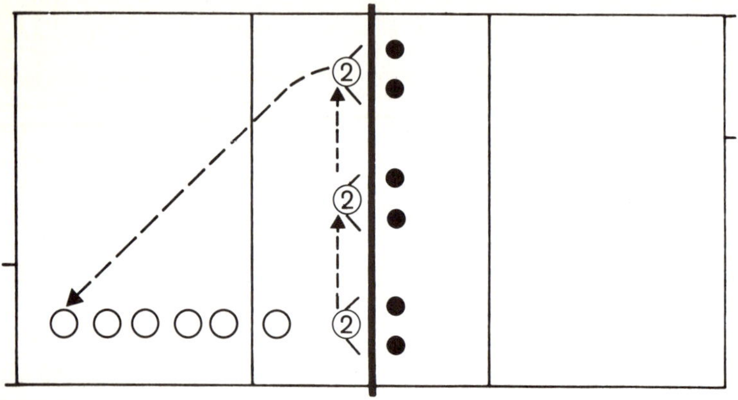

2. Übung wie (1), nur blocken auf Position III; anschließend Position II

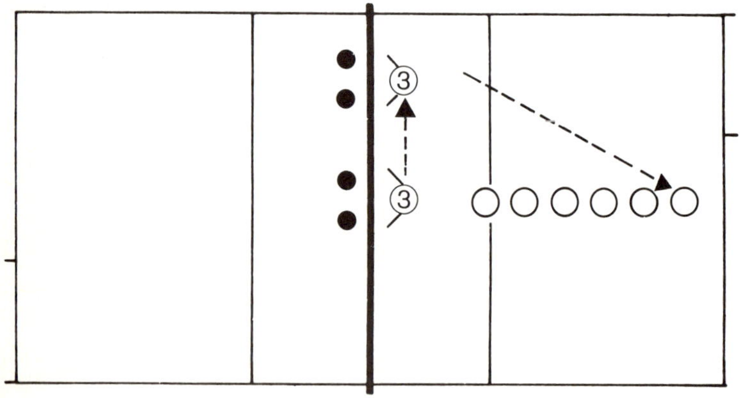

3. Übung wie (2), nur in entgegengesetzter Richtung

4. Die Spieler stehen sich am Netz paarweise gegenüber. Ein Spieler nimmt von der Angriffslinie Anlauf und führt nach Anwerfen des Balls einen Angriffsschlag aus. Der Blockspieler blockt den Ball, nachdem er den Ort des Absprungs nach dem Anlauf des Angreifers bestimmt hat.

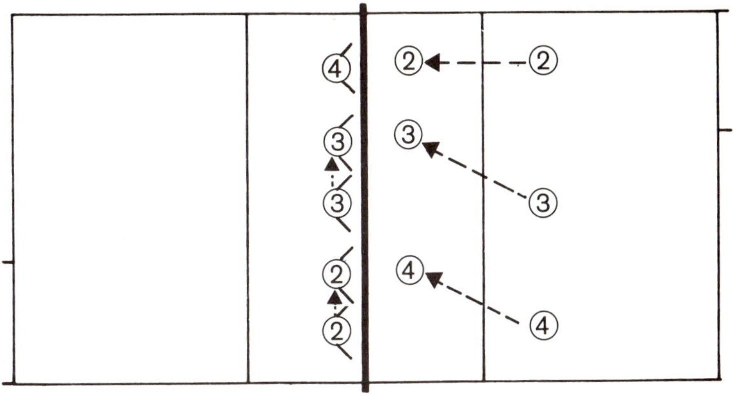

5. Der Blockspieler steht auf Position III. Der Trainer, der im Feld des Gegners auf Position VI steht, wirft Bälle zu den verschiedenen Netzpositionen. Der Blockspieler muß die Bälle abblocken.

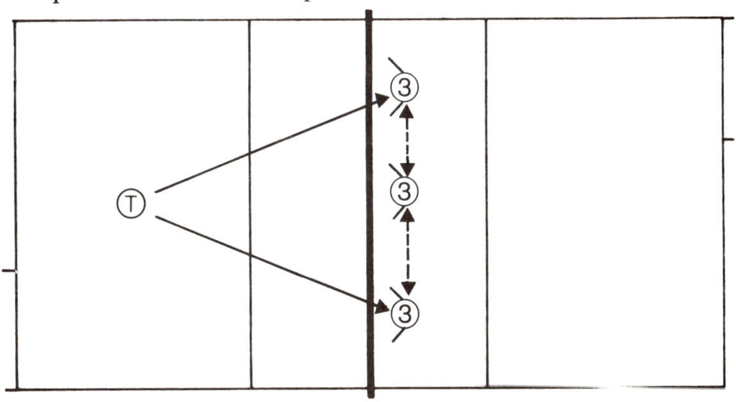

6. Der Trainer steht auf einem Schiedsrichterstuhl, der in Verlängerung des Netzes steht, und wirft von der Seite aus in Höhe der Netzoberkante Bälle auf die verschiedenen Positionen. Die sich paarweise gegenüberstehenden Blockspieler versuchen, den Ball so zu blockieren, daß er beim Partner ins Feld kommt.

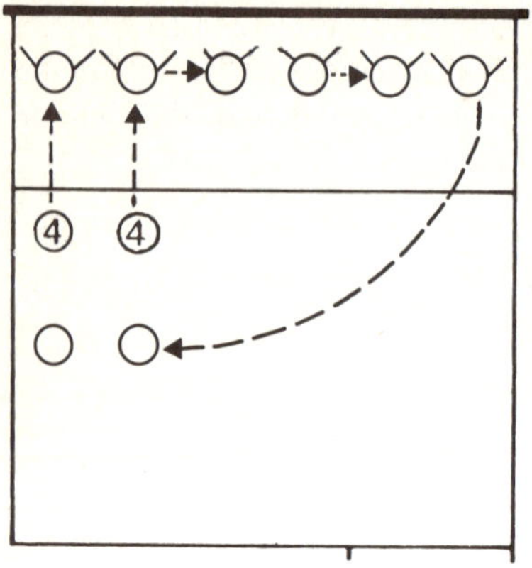

III. Übungsformen ohne Ball – Doppelblock

1. Die Spieler stehen paarweise auf Position IV auf einer Feldseite; sie bilden hier einen Doppelblock. Nach der Landung schneller Wechsel zur Position III – Doppelblock, zur Position II – Doppelblock, wieder hinten anstellen.

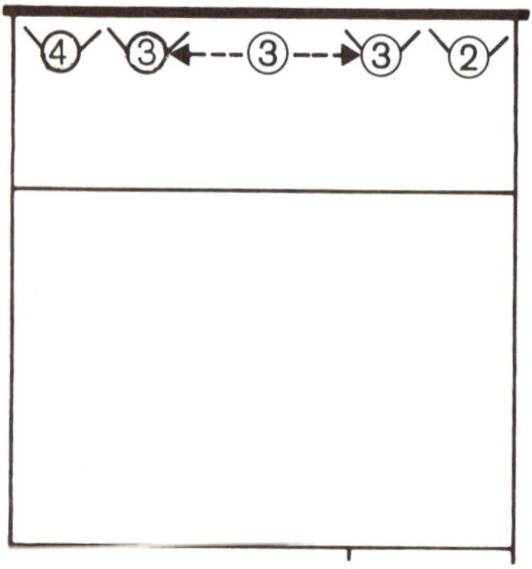

2. Je ein Spieler steht auf Position II, III und IV. Der Spieler von Position III läuft schnell zum Spieler auf Position II und bildet mit ihm einen Doppelblock. Unmittelbar nach der Landung läuft er zum Spieler auf Position IV und bildet mit ihm einen Doppelblock. – Mehrere Durchgänge sind erforderlich.

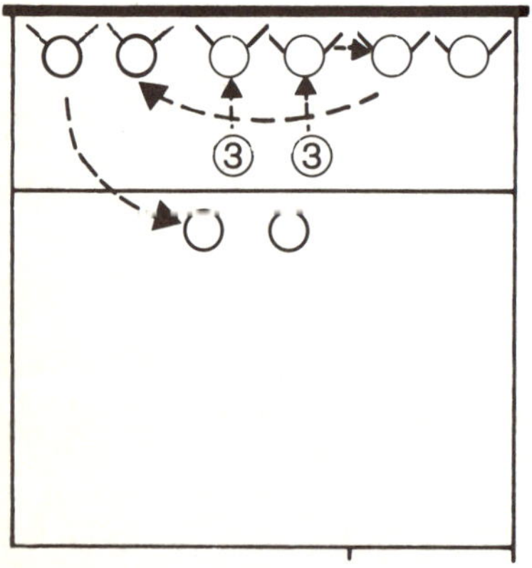

3. Die Spieler stehen auf der zurückgezogenen Position III auf einer Feldseite paarweise hintereinander.

Auf Position III einen Doppelblock bilden, zur Position II laufen – Doppelblock, zur Position IV laufen – Doppelblock, anschließend wieder hinten anstellen (schnelles Laufen notwendig).

IV. Übungsformen mit Ball – Doppelblock

1. Der Trainer wirft von Position VI Bälle auf die Blockpositionen II und IV. Der Blockspieler auf Position III ist bemüht, auf jeden Fall einen Doppelblock zu bilden.

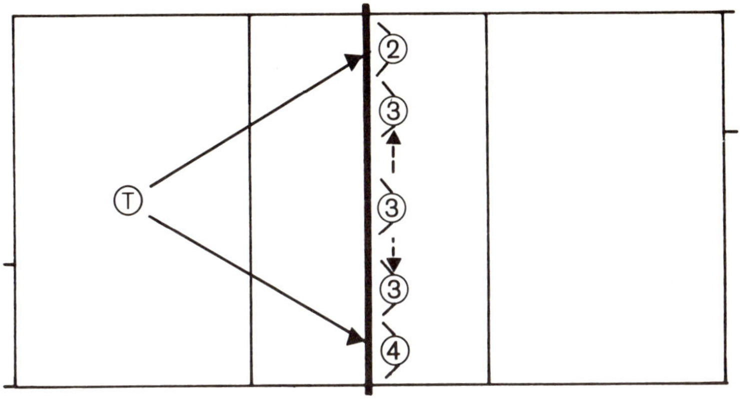

2. Die Spieler stehen paarweise auf der Position III auf einer Feldseite hintereinander. Der Trainer wirft von Position VI der anderen Feldseite Bälle auf die verschiedenen Angriffspositionen. Die Spieler versuchen, im Doppelblock eine bestimmte Anzahl von Bällen abzublocken und stellen sich dann hinten an.

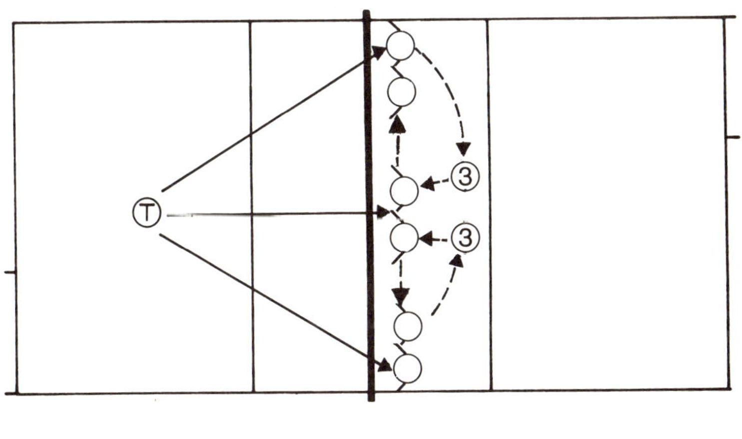

3. Der Zuspieler auf Position III wird von Position VI angespielt und setzt nun entweder den Angreifer auf Position II oder auf Position IV ein. Blockspieler haben die Aufgabe, unbedingt einen Doppelblock zu bilden.

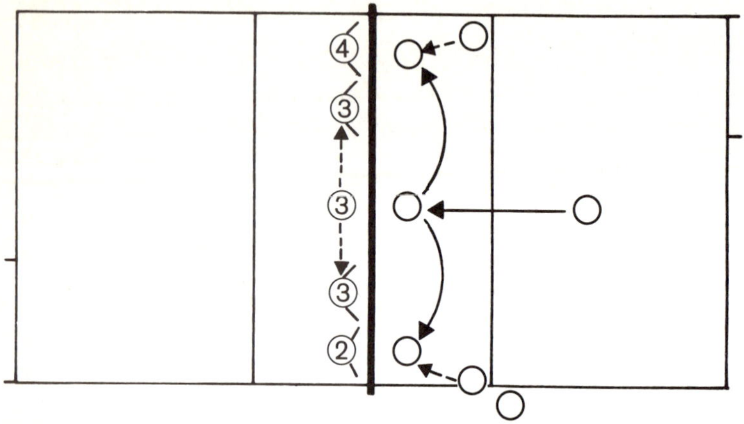

4. Die Blockspieler stehen auf ihren Positionen II, III und IV. Die Angreifer stehen auf der anderen Seite hintereinander auf der Position VI. Das Zuspiel erfolgt von der Läuferposition. Nach dem Anspiel kommt der Angreifer entweder zum aufsteigenden oder kurzen Ball auf Position III oder zum hohen Ball auf Position II bzw. IV. Die Blockspieler bilden bei hohen Bällen einen Doppelblock, bei kurzen und aufsteigenden Bällen einen Einerblock.

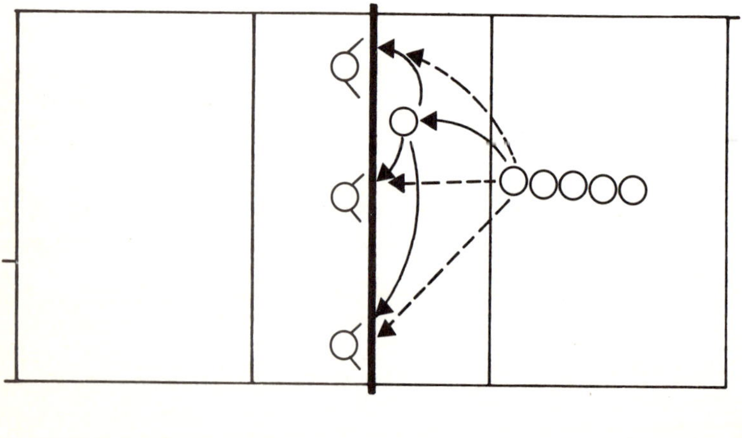

USC
Giessen
USC
8
Giessen
10
9

Fehler und Korrekturhilfen

Hauptfehler	Ursachen	Korrekturhilfen
Netzberührung	Arme bewegen sich aktiv nach unten	• Blocksprünge nach hochgehaltenen Bällen; auf Armführung und Armhaltung achten
Übertreten der Mittellinie	Landung erfolgt nicht in der Nähe der Absprungstelle – Schweben nach vorn	• Blocksprünge aus der Bewegung nach hohem Ziel; Absprungstelle markieren
Doppelblock ist nicht geschlossen	Blockpaar ist zu weit auseinander oder springt nicht zur selben Zeit	• paarweises Blockspringen nach optischem oder akustischem Signal aus dem Stand und aus der Bewegung ohne und mit Ball
Absprungstelle ist zu weit vom Netz entfernt	Angst vor Netzberührung oder schlechtes Orientierungsvermögen	• von der Angriffslinie aus gerade zum Netz laufen, stoppen und nach einem hohen Ziel, z. B. einem hoch über die Netzkante gehaltenen Ball, springen; parallel zum Netz laufen und einen im anderen Feld hochgehaltenen Ball blockieren

Taktische Hinweise

Blockspieler haben bei hoher Qualifikation die Möglichkeit, Angriffshandlungen des Gegners vorherzusehen. Sie müssen also fähig sein, sich auf den gegnerischen Angriff einzustellen.

Eine der wichtigsten Aufgaben des Blockspielers besteht darin, in jeder Situation die Spielübersicht zu behalten. Er muß nach den Handlungen des gegnerischen Zuspielers die Position vorausbestimmen können, von der der Angriffsschlag ausgeführt wird.

Entsprechend der Qualität des Zuspiels und dem Potential des gegnerischen Angriffs können kluge taktische Handlungen sein:

- Ball ist nah am Netz bzw. ein guter Angreifer: dann *aktiver Block*, das heißt Doppelblock – beide Spieler führen die Arme zum Ball.
- Ball ist vom Netz weg bzw. ein schwacher Angreifer: dann *passiver Block*, das heißt Zonenblock – der Doppelblock springt so, daß eine bestimmte Zone im Feld abgedeckt wird; beide Spieler halten die Arme ruhig (gehen nicht zum Ball).
- Hohe Pässe bzw. Angreifer springen sehr hoch: dann spät blokkieren.
- Aufsteigende Bälle: dann mit dem Angreifer mitspringen.

Die Feldabwehr

Die Feldabwehr erfolgt mit Hilfe des unteren Zuspiels, und zwar in Form des ein- oder beidarmigen Baggers oder des Hechtbaggers. Dabei unterscheidet man noch verschiedene Variationsmöglichkeiten dieser beiden Formen.

Die Feldabwehr dient dazu, scharfe Angriffsschläge des Gegners abzuwehren. Die Abwehr zählt als eine der drei möglichen Ballberührungen und muß deshalb so gestaltet werden, daß aus ihr heraus der Aufbau des eigenen Angriffs erfolgen kann. Die Feldabwehr ist wesentlich vom Blockspiel abhängig. Sie stellt große Anforderungen an die Physis des Sportlers, besonders an die Beinkraft, und fordert einen hohen körperlichen Einsatz.

Ein gutes Stellungsspiel sowohl der Abwehr- als auch der Blockspieler und die gute technische Ausführung sind für eine erfolgreiche Feldabwehr unbedingt notwendig.

Technikbeschreibung

Beidarmige Abwehr

In Erwartung des Angriffs: Abwehrstellung in halbtiefer Kniebeuge einnehmen.

Arme hängen außerhalb der Knie locker nach vorn.

Am Abwehrort erfolgt eine ständige Bewegung; aber nicht nach vorn stürzen.

Im Moment des Angriffs tiefe Abwehrstellung einnehmen.

Arme zusammenführen; Armhaltung wie bei der Annahme.

Bei harten Angriffen den Ball direkt über dem Fußboden abwehren; den Körper erst nach der Abwehr aufrichten.

Bei halbscharfen Angriffen den Körper während der Abwehr aufrichten und dem Ball mit den Armen die gewünschte Richtung geben.

Ist abzusehen, daß der Ball neben den Körper gelangt, dann beide Arme seitlich zum Bagger führen; dabei das Körpergewicht auf das ballnahe Bein verlagern und die Arme dem Ball schräg entgegenhalten.

Der Ball wird wie beim unteren Zuspiel nach vorn mit dem ersten Drittel der Unterarme gespielt.

Die Zuspielrichtung wird hier nur von der Schräghaltung der Arme bestimmt.

Einarmige Abwehr
(kommt am häufigsten bei der Blocksicherung vor)

Armhaltung
Arm dem Ball gestreckt entgegenhalten; die Hand ist zur Faust geballt.

Abwehr erfolgt mit der Innenseite des Arms unterhalb des Ellbogengelenks.

Beinarbeit
Weiter Ausfallschritt zum Ball mit dem ballnahen Bein, tiefe Kniebeuge dieses Beins.

Ferse nach außen drehen und abrollen über Wade – Gesäß – Rücken; Körperstreckung zum Ball.

Hechtbagger
(besondere Form des einarmigen Baggers)
Drehen in die Abwehrrichtung; der Abdruck aus der tiefen Abwehrstellung erfolgt mit dem ballnahen Bein.

Der Körper streckt sich in Richtung Fußboden, der abwehrende Arm ist gestreckt, die Hand ist offen und fest.

Die Abwehr des Balls erfolgt mit dem Handrücken nach oben.

Abfangen des Körpergewichts auf der Brust; dabei den Kopf in den Nacken nehmen und am Boden gleiten.

Merke

- Abwehrstellung ist eine tiefe Spielstellung, das heißt Verlagerung des Körperschwerpunkts, so daß sich das Gesäß circa 35 cm über dem Fußboden befindet.
- Am Abwehrort ständige Bewegung, nicht aber spekulieren und ‹blind› nach vorn stürzen.
- Möglichst die beidarmige Abwehr anwenden; dabei Körper hinter den Ball bringen.
- Einarmige Abwehr mit gestreckten Armen und weitem Ausfallschritt ausführen.
- Hechtbagger mit flachem, festem Handrücken ausführen; Körpergewicht mit der Brust abfangen.
- Hechtbagger stets so flach wie möglich über dem Erdboden ausführen.

Übungsformen zum Erlernen und Vervollkommnen

I. Übungen ohne Ball

1. Auf optische oder akustische Signale Einnehmen der verschiedenen Spielstellungen hoch–mittel–tief aus der Bewegung
2. Auf der Matte seitlich und rückwärts abrollen und nach vorn hechten
3. Übung wie (2), nur ohne Matte
4. Bodengewöhnungsübungen auf der Matte wie Sprungrolle, Hechtrolle und andere Elemente des Bodenturnens
5. Aus dem Lauf nach optischem Signal
   a) mit der rechten Hand den Boden berühren und weiterlaufen
   b) mit der rechten Hand, dann mit der linken Hand den Boden berühren und weiterlaufen
   c) rechte Hand, dann linke Hand, dann beide Hände berühren den Boden und weiterlaufen
   d) rechte Hand, linke Hand, beide Hände und Gesäß berühren nacheinander den Boden, dann weiterlaufen
   e) rechte Hand, linke Hand, beide Hände, Gesäß und Bauch berühren den Boden nacheinander, dann weiterlaufen
   f) rechte Hand, linke Hand, beide Hände, Gesäß, Bauch und Rücken berühren nacheinander den Boden, dann weiterlaufen

Alle Übungen so schnell wie möglich durchführen!

II. Übungen mit dem Ball

1. Seitlicher Ausfallschritt rechts und links; Ball mit gestreckten Armen aufnehmen und hochwerfen
2. Partnerübung: Abstand circa 5 m
   Ball wird zugeworfen, und der Partner versucht mit Hilfe eines Ausfallschritts, den Körper hinter den Ball zu bekommen, und fängt den Ball
3. Übung wie (2), nur mit Abrollen nach hinten und zur Seite
4. Übung wie (1), nur einarmig
5. Abwehr von leicht geschlagenen Bällen zum Partner am Netz
6. Übung wie (5), nur Abwehrarten variieren

III. Übungen in der Gruppe

1. Je ein Spieler stellt sich auf Position I, II, IV und V. Ein Spieler steht in der Mitte. Er bekommt abwechselnd Bälle geschlagen, die er zum Angreifer hin abwehrt.

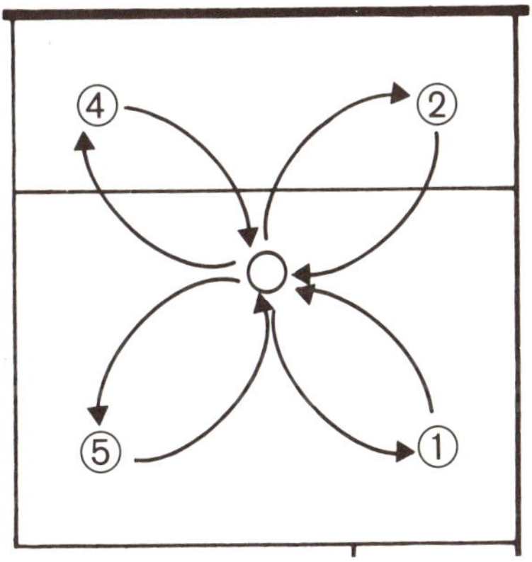

2. Drei Spieler stehen hinter einem Kasten auf Position VI. Der Trainer wirft von Position III – er kann auch lobben (leichter Angriffsschlag) oder schlagen – Bälle rechts und links zur Seitenlinie, die Spieler wehren abwechselnd zur Position II bzw. IV hin ab.

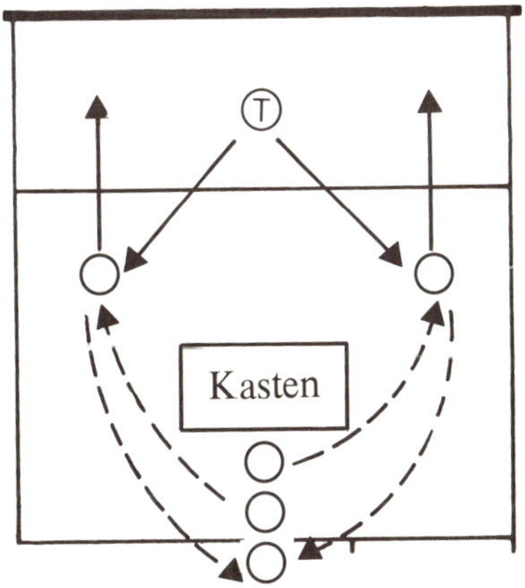

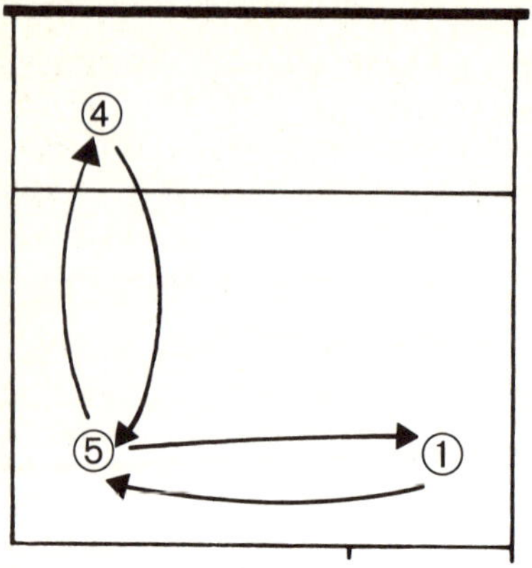

3. Ein Abwehrspieler steht auf Position V, je ein Angreifer auf den Positionen I und IV. Die Angreifer schlagen abwechselnd Bälle zum Abwehrspieler, dieser wehrt sie zum Angreifer hin ab.

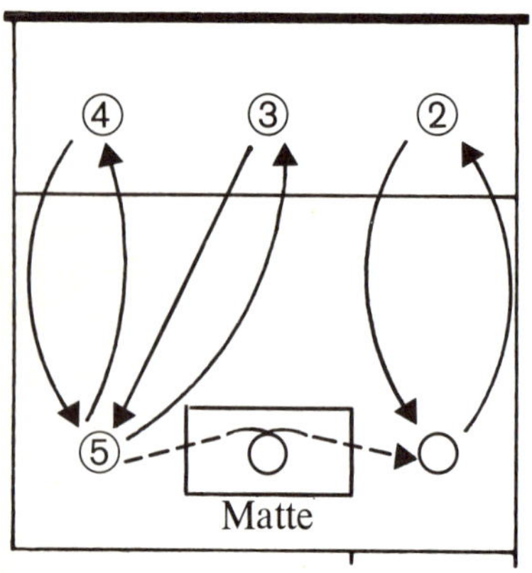

4. Die Angreifer auf den Positionen II, III, IV haben je einen Ball. Der Abwehrspieler steht auf Position V. Angriff von Position IV – Abwehr zurück zur Position IV, anschließend Angriff von Position III – Abwehr zurück, Abwehrspieler macht auf Position VI eine Rolle und wehrt von Position I den von II geschlagenen Ball ab.

5. Die Spieler stehen sich paarweise gegenüber, wobei beide Spielfeldhälften genutzt werden. Die am Netz stehenden Spieler schlagen angeworfene Bälle diagonal zum Abwehrspieler; Angreifer auf Position IV schlägt zur Position VI, Position III zur Position V, Position II zur Position I. Die Abwehr erfolgt zu einem festgelegten Ziel.

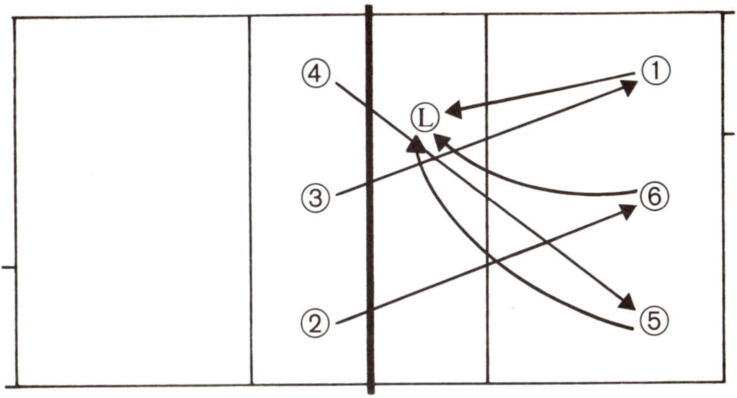

6. Übung wie (5); nur erfolgt der Angriffsschlag parallel zur Seitenlinie. Übung kann variiert werden, zum Beispiel Täuschung im 3-m-Raum.

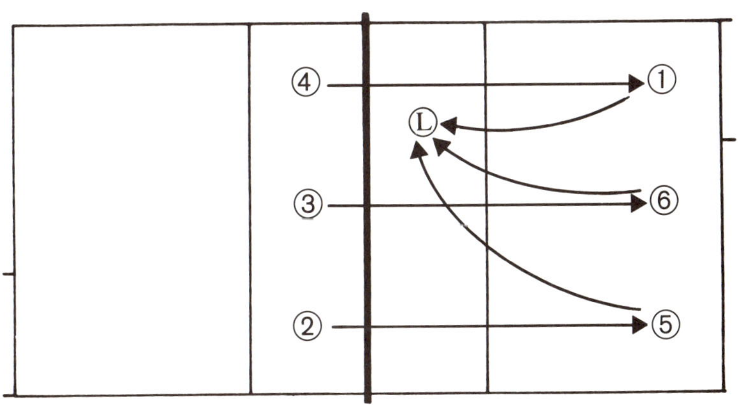

7. Der Abwehrspieler steht auf Position VI, die Angreifer stehen auf den Positionen II und IV der anderen Feldseite. Der Zuspieler auf Position III setzt die Angreifer nach Belieben ein; diese dürfen jedoch nur Linienangriffe schlagen. Der Abwehrspieler beobachtet den Zuspieler, nimmt entsprechend dem Zuspiel den Abwehrort ein und wehrt zu einer festgelegten Position hin ab.

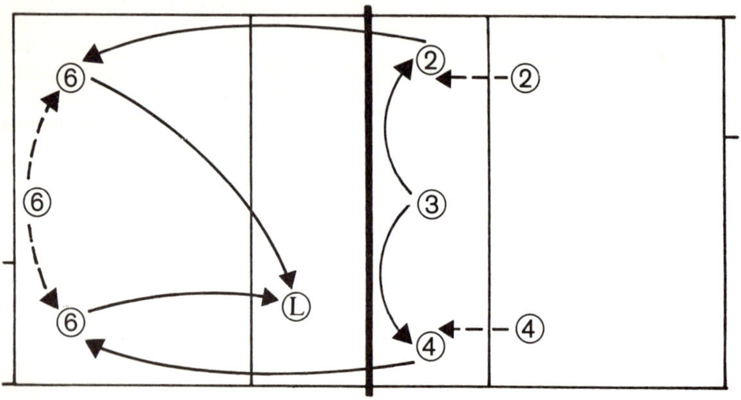

8. Der Zuspieler auf Position III setzt die Angreifer auf Position II und IV ein. Der Abwehrspieler steht auf Position I des gegnerischen Felds. Der Angreifer von Position IV führt einen Angriffsschlag zur Position I oder eine Täuschung zur Position II aus; der Angreifer von Position II placiert seinen Angriff zwischen Position I und II. Der Verteidiger wehrt zur festgelegten Position hin ab.

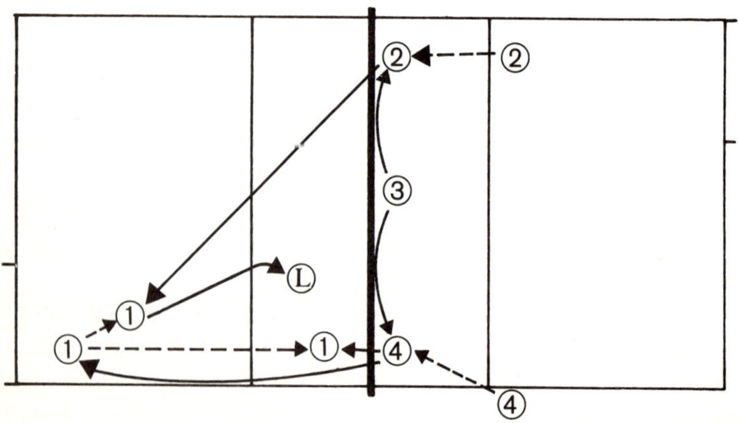

Fehler und Korrekturhilfen

Abwehrart	Hauptfehler	Ursachen	Korrekturhilfen
beidarmige Abwehr	Körper steht zu aufrecht	mangelnde Beinkraft	• Übungen zur Stärkung der Beinkraft, insbesondere Übungen bei 90 Grad Kniewinkel ausführen
	Körper befindet sich im Moment der Abwehr nicht hinter dem Ball	mangelnde Schnelligkeit; falsche Einschätzung der Flugbahn des Balls	• Abwehr zugeworfener Bälle; Abwehr von Angriffen auf bestimmte Positionen
	ungenügende Beinarbeit	mangelnde Aufmerksamkeit oder Bequemlichkeit	
einarmige Abwehr	fehlender Ausfallschritt	Angst oder mangelnde Aufmerksamkeit	• seitliches Rollen ohne Ball mit und ohne Matte
Hechtbagger	Abdrücken durch vorderes Bein zu schwach; seitliches Verdrehen der Hüfte	Angst oder mangelnde Kraft	• Hecht ohne Ball auf der Matte und ohne Matte üben

Taktische Hinweise

Das Stellungsspiel in der Feldabwehr hängt wesentlich von der Stellung des Blocks ab; Block und Feldabwehr bilden insofern eine Einheit.

In der Praxis werden die Blockspieler von den Abwehrspielern dirigiert. So werden der Ort und die Zeit des Absprungs, die Art des Blocks usw. zugerufen.

Das Training zur Schulung der Feldabwehr sollte neben der Schnelligkeit und der Reaktionsschnelligkeit auch Übungsformen enthalten, die den Einsatzwillen und den Mut der Spieler fördern. Die Forderung nach maximalem Körpereinsatz muß stets erfüllt werden.

Dabei darf es jedoch kein unkontrolliertes Abwehren von Bällen geben. Im Vordergrund steht zwar der Kampf um jeden Ball, aber auch die Qualität der Abwehrhandlung. Es muß jedem Spieler klar sein, daß die Feldabwehr gleichzeitig ein Element des Spielaufbaus ist. Es kommt also darauf an, aus der Abwehr heraus den eigenen Angriff aufzubauen. Taktisch kluge Abwehrhandlungen können sein:

- Die Abwehr erfolgt zum Zuspieler.
- Bei schwachem Angriff des Gegners kann bereits der erste Paß geschlagen werden.

Taktiktraining

Vorbemerkungen

Die Taktik ist ein wichtiger Bereich des Gesamttrainings der Volleyballspieler, sie nimmt einen Umfang von circa 30 Prozent ein. Unter Spieltaktik im Volleyball versteht man bewußte, zielgerichtete und zweckmäßige Handlungen der Spieler im Wettkampf. Darunter fallen alle Mittel, Handlungen, Arten und Formen der Spielführung sowie die zielgerichtete Anwendung dieser Faktoren. Dabei sind der Ausbildungsstand der Mannschaft und die jeweilige Spielsituation zu berücksichtigen.
Man muß sich also in der taktischen Ausbildung der Volleyballspieler mit dem eigentlichen Spielgeschehen befassen; denn die Taktik stellt die geistige Seite eines Sportspiels dar. Insofern kann die taktische Schulung niemals mit einer schematischen Lehrweise identisch sein, die den Spieler nach aufgestellten Normen in feststehende Bewegungsabläufe zwängt.
Die taktische Führung des Volleyballspiels stellt hohe Anforderungen an die Intelligenz, das Reaktionsvermögen und an den Sinn für Zusammenarbeit jedes einzelnen Spielers.
Man kann allgemein sagen, daß das Spielsystem das Gerippe der Mannschaftstaktik darstellt, das taktische Spielverhalten jedoch stets einen persönlichen Entscheidungsspielraum beinhaltet. Der Erfolg im Volleyballspiel wird also maßgebend durch die Spieler bestimmt, die den Situationen entsprechend richtig handeln.

Funktion der Spieler

Im Volleyballspiel unterscheidet man drei Spielertypen, den Hauptangreifer (HA), den Nebenangreifer (NA) und den Zuspieler (ZS). Diese übernehmen in einem Spielsystem gesonderte Aufgaben.
Hauptangreifer sind die Spieler, die den Angriff am wirksamsten ausführen können. Sie sind in der Regel sehr groß und verfügen über eine große Reichhöhe im Sprung; sie müssen in der Lage sein, aus einem hohen Paß einen harten Angriff zu schlagen. Neben der Härte und großen Höhe, in der er den Ball schlagen kann, muß ein Hauptangreifer die Fähigkeit besitzen, Bälle in die Lücken des gegnerischen Felds zu placieren. Es kann und darf nämlich nicht immer hart geschlagen werden, zumal sich die Blockspieler in der Regel auf die Hauptangreifer konzentrieren. – Die Hauptlast des Angriffs ruht auf dem Hauptangreifer.
Nebenangreifer, auch Universalspieler genannt, entlasten die Hauptangreifer. Sie schaffen durch das Schlagen von kurzen oder aufsteigenden Bällen Situationen, in denen der Hauptangreifer keinen bzw. nur einen Einerblock vorfindet. – Die Nebenangreifer bevorzugen den Angriff aus schnell zugespielten Pässen; bei Ausfall des Zuspielers müssen sie dessen Funktion übernehmen.
Zuspieler sind die ‹Seele› des Angriffsspiels. Von der Qualität ihrer Pässe und vom Ideenreichtum ihres Spielaufbaus lebt das moderne Kombinationsspiel des Angriffs. Die Zuspieler sind also die eigentlichen Spielmacher auf dem Spielfeld. Im richtigen Augenblick und in der richtigen Art den richtigen Angreifer mit einem Paß zu bedienen, ist ihre Aufgabe. Damit sind sie der größten nervlichen Anspannung ausgesetzt.
Diese drei Spielertypen werden im Training speziell und entsprechend ihren Aufgaben trainiert. In der Praxis hat sich herausgestellt, daß bereits im Schüleralter mit der Spezialisierung einzelner Spielertypen begonnen wird – eine Entwicklung, die nicht gutgeheißen werden kann. Im Schüler- bzw. Jugendalter sollte die Ausbildung so angelegt sein, daß jeder Spieler alle Elemente des Volleyballspiels erlernt und im Wettkampf auch anwenden kann. Eine zu frühe Spezialisierung führt zwangsläufig zu Lücken in der Ausbildung.

Zusammenstellung einer Mannschaft

Die ideale Zusammensetzung einer Mannschaft bestände aus sechs Hauptangreifern, die gleichzeitig das Niveau eines hochklassigen Zuspielers besitzen. Diese Vorstellung hat sich in der Praxis bisher nicht verwirklichen lassen. In der Regel sind die Mannschaften aus zwei Hauptangreifern, zwei Nebenangreifern und zwei Zuspielern zusammengestellt.

Gerade auf unterem und mittlerem Spielniveau herrscht die Situation vor, daß zwei Spieler besonders gut angreifen, die anderen dagegen vom Niveau des Angriffs her mehr oder weniger abfallen.

Wie stellt man eine solche Mannschaft sinnvoll zusammen?

Als erstes ist zu beachten, daß nicht beide Hauptangreifer in einer Reihe stehen. In diesem Fall wäre zwar *eine* Reihe von der Angriffspotenz her überragend; die *zweite* Reihe jedoch könnte kaum Punkte oder Ballwechsel erzielen. Die günstigste Lösung in diesem Fall ist, die Angreifer diagonal zueinander zu stellen.

Diese Aufstellung bietet einige Vorteile:

- Man hat in jeder Situation einen Hauptangreifer, einen Nebenangreifer und einen Zuspieler am Netz.
- Man kann ein stabiles System spielen.
- Beide Hauptangreifer können ihre Angriffspotenz voll ausspielen, da jeder für eine Angriffsreihe verantwortlich ist.
- Angreifer und Zuspieler bilden ein Paar; somit können Pässe aus nächster Nähe gestellt werden.

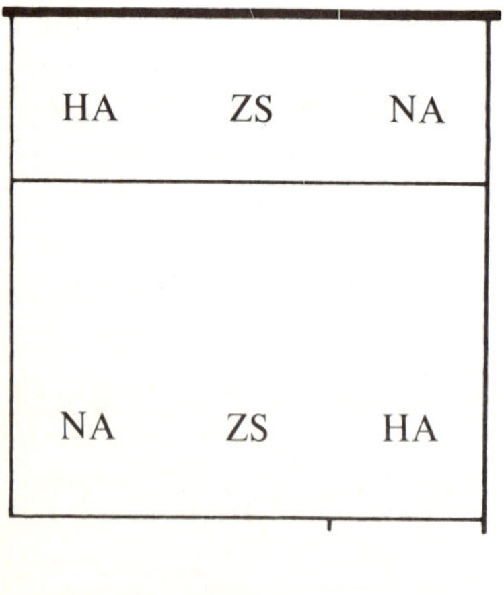

Eine andere Möglichkeit ist die nebenstehende.

Auch hier befindet sich in jeder Angriffsreihe ein Hauptangreifer. Er bildet allerdings mit dem Zuspieler seiner Reihe kein Paar mehr.

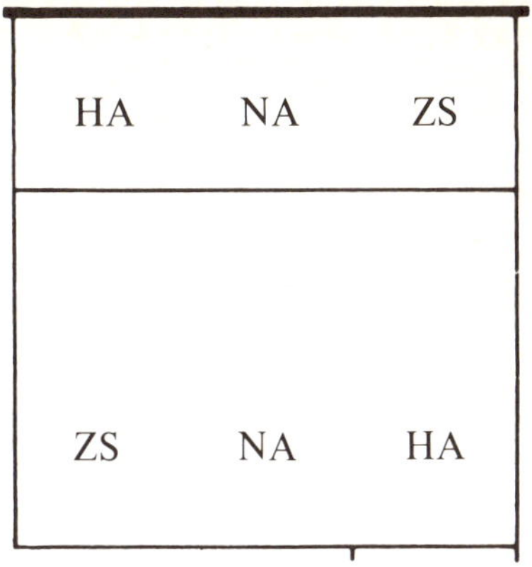

Dieses System bietet guten Zuspielern von der Grundaufstellung her mehr Möglichkeiten zum Kombinationsspiel.
Weitere Möglichkeiten, die Spieler zusammenzustellen, liegen darin, die Grundaufstellung um ganze Positionen zu verschieben oder die komplette Angriffsreihe zu wechseln.

Spielsysteme

Um ein sinnvolles Zusammenwirken der Spieler auf dem Spielfeld zu ermöglichen, stützen sich die Mannschaften auf Spielsysteme, die man in Angriffs- und Abwehrsysteme unterteilt. Dabei ist ein Spielsystem nicht als strenger Lehrsatz zu verstehen; denn schematische Handlungen, die alle Spielsituationen abdecken, gibt es nicht.
Der Begriff *Spielsystem* ist vielmehr so zu verstehen, daß die Spielweise im Angriff und Abwehr nach Prinzipien abläuft, wobei für jeden Spieler genügend Entscheidungsmöglichkeiten offen bleiben.
Das Spielsystem in Angriff und Abwehr wird durch individuelle Gruppen- und Mannschaftshandlungen bestimmt.
Bei den *individuellen Spielhandlungen* werden Aktionen ohne und mit Ball unterschieden.
Zu den Aktionen ohne Ball im Angriffssystem gehört die Ortswahl für das Spielen von Pässen und für die Ausführung der Angriffs-

schläge. Individuelle Aktionen mit Ball sind die Ausführung von Aufgaben, des Zuspiels und des Angriffs selbst.
Individuelle Abwehrhandlungen ohne Ball umfassen die Ortswahl beim Blockieren und bei der Feldabwehr. Individuelle Handlungen mit Ball sind der Einerblock und die Blockdeckung.

Gruppenhandlungen im Angriffs- und Abwehrsystem sind das Zusammenspiel zweier Spieler sowie zwischen drei bis vier Spielern. Im Angriffssystem ist dies das Spiel mit drei und mit zwei Berührungen und dem abschließenden Angriff von den Positionen IV, III und II.
Gruppenhandlungen im Abwehrsystem sind der Zweier- und der Dreierblock, und zwar als Zonen- oder Angriffsblock, das Zusammenspiel der Abwehrspieler bei der Feldabwehr oder bei der Blockdeckung sowie bei der Angriffssicherung.

Zu den *Mannschaftshandlungen* im Angriffssystem gehört das Zusammenspiel beim Angriff aus dem ersten und zweiten Paß.
Der Angriff kann nach dem ersten Paß und nach dem Sprungabspiel erfolgen. Der zweite Paß kann durch einen Vorderspieler oder durch Läufereinsatz eines Hinterspielers erfolgen. Zuspielpositionen der Vorderspieler können die Positionen III, II und IV sein, Läuferpositionen die Positionen I, VI und V.
Mannschaftshandlungen im Abwehrsystem sind das Spielen mit vorgezogenem Verteidigungsspieler oder mit zurückgezogenem Verteidigungsspieler auf der Position VI.

Angriffssysteme
Es gibt drei Gruppen von Angriffssystemen. Man unterscheidet sie nach den Positionen, von denen aus das Zuspiel erfolgt. Das erste ist das Angriffssystem mit dem Zuspieler am Netz in Form des Paarsystems und des nicht personengebundenen Paarsystems; weiterhin gibt es das Läufersystem und eine Kombination aus Paar- und Läufersystem.

1. Das Angriffssystem mit einem Zuspieler am Netz ohne personengebundenes Paarsystem

Dieses System ist die einfachste Form des Spielaufbaus zum Angriff. Jeder der sechs Feldspieler übernimmt auf einer vorher festgelegten Position am Netz die Funktion des Zuspielers. Am zweckmäßigsten sind dafür die Positionen II und III am Netz.

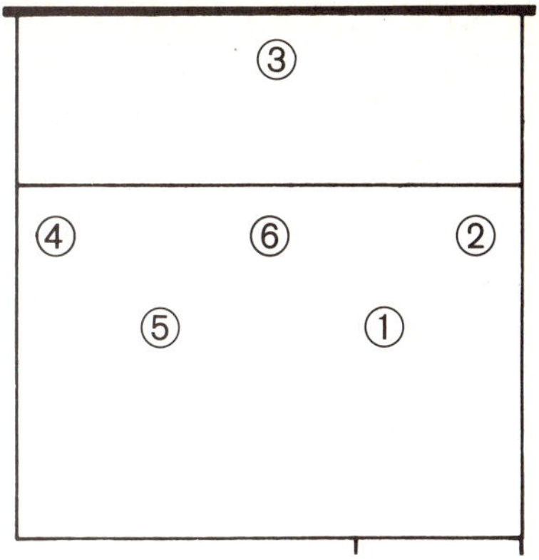

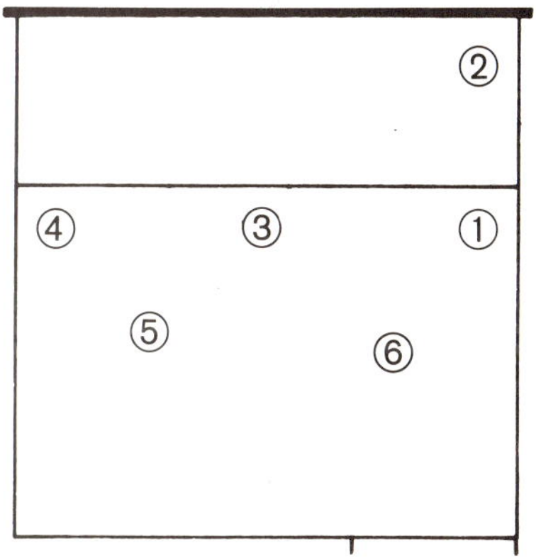

2. Das paargebundene Angriffssystem mit einem Zuspieler am Netz

Für dieses System ist bereits eine Spezialisierung der Spieler nach Angriff und Zuspiel erforderlich. Je nach der Anzahl der Angreifer und Zuspieler unterscheidet man drei Formationen:

a) drei Zuspieler und drei Angreifer: Formation 3 : 3
b) zwei Zuspieler, zwei Nebenangreifer oder Universalspieler, zwei Hauptangreifer: Formation 2 : 2 : 2
c) zwei Zuspieler, vier Hauptangreifer: Formation 2 : 4

Bei der Formation 3 : 3 hat jeder Angreifer seinen Zuspieler. Die Zuspieler befinden sich immer auf der Position II oder III am Netz.

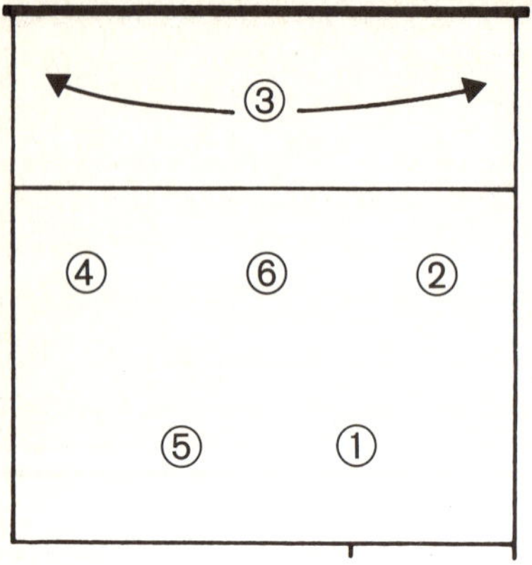

Grundstellung

③ = Zuspieler
④ = Angreifer
⑤ = Zuspieler
⑥ = Angreifer
① = Zuspieler
② = Angreifer

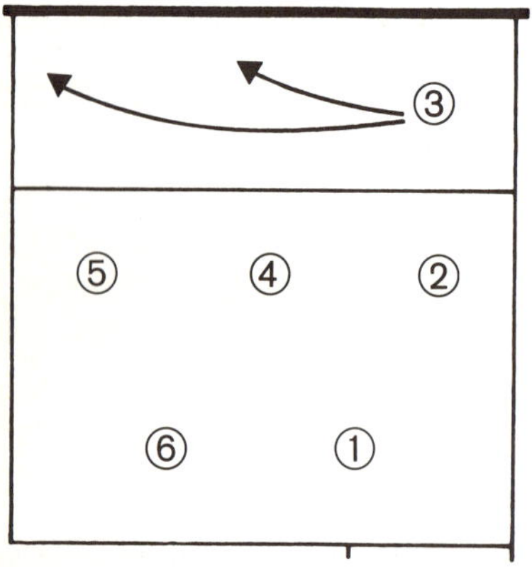

nach Positionswechsel

Paare bilden:
③ und ④
⑤ und ⑥
① und ②

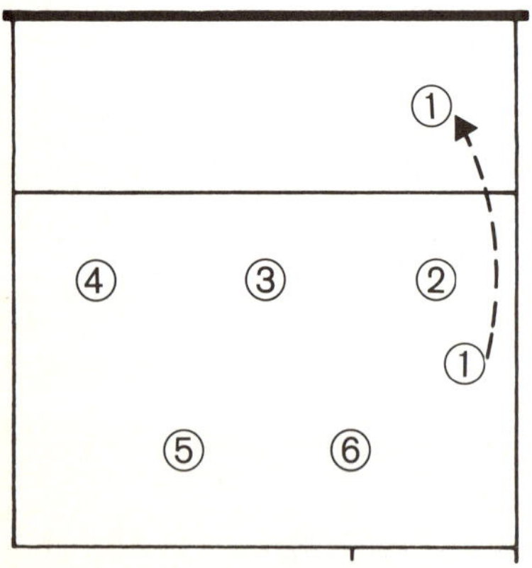

Das Läufersystem
Die Besonderheit dieses Systems liegt darin, daß die spezialisierten Zuspieler ständig aus der hinteren Reihe nach vorn laufen. Somit entsteht die Moglichkeit, alle drei Netzspieler im Angriff einzusetzen.

Läufer von Position I

Auch bei diesem System gibt es drei Formationen, die durch die Anzahl der spezialisierten Angreifer und Zuspieler bestimmt werden.
Der Läufer kann von allen hinteren Positionen aus nach vorn laufen.

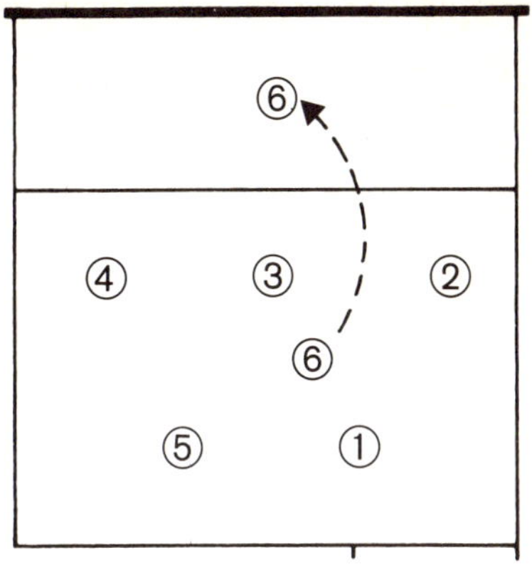

Läufer von Position VI

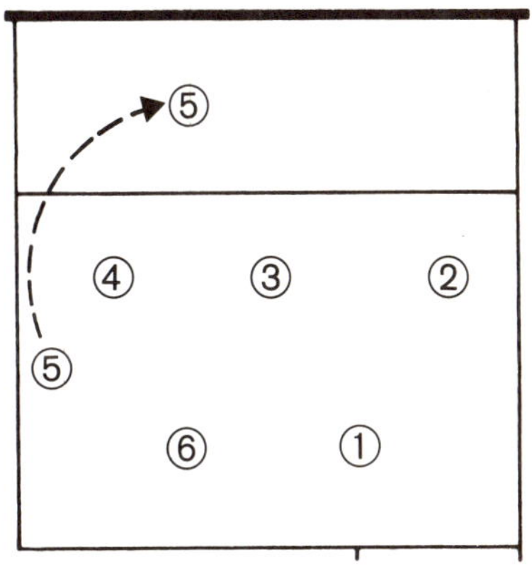

Läufer von Position V

Bei der Formation 2:2:2 laufen die Zuspieler ständig von den Positionen I und VI, die Universalspieler nur von der Position I.
Bei der Formation 3:3 laufen die Zuspieler von den Positionen I und VI.
Bei der Formation 2:4 laufen die Zuspieler von den Positionen I, VI und V.

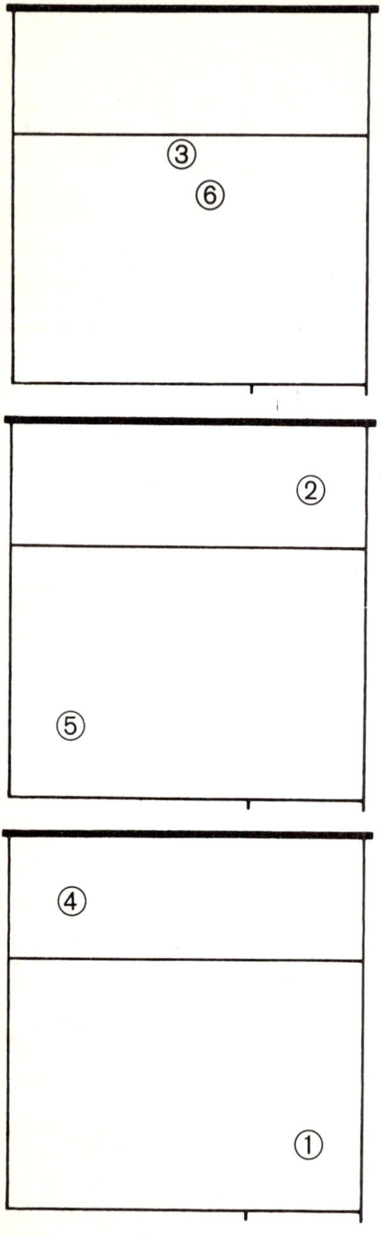

4. Die kombinierten Angriffssysteme

Bei diesem Angriffssystem kommt es zur Anwendung des Läufersystems und des Paarsystems. In der Regel spielt die Mannschaft mit zwei spezialisierten Zuspielern, die sich diagonal gegenüberstehen, zum Beispiel Position III und VI, Position II und V und Position IV und I.

Von der Position II aus wird der Zuspieler am Netz zuspielen. Er hat bei guter Annahme die Möglichkeit, selbst anzugreifen oder ein Sprungabspiel zum Angreifer auszuführen.

Von den Positionen IV und I aus wird er als Läufer aus dem Hinterfeld kommen. In der Praxis hat sich durchgesetzt, daß die Zuspieler von den Positionen III und VI ans Netz gehen und die Aufgabe nur mit vier Spielern abgewehrt wird.

Je nach Qualität der Annahme übernimmt entweder der Zuspieler von Position III oder der von Position VI das Zuspiel.

Zuspieler von den Positionen III und VI auf Position III:
Zuspieler (6) bietet Angriffsmöglichkeiten für die drei Netzspieler durch kurze oder hohe Pässe zur Position II, Aufsteiger zur Position III sowie hohe oder schnelle Bälle zur Position IV.

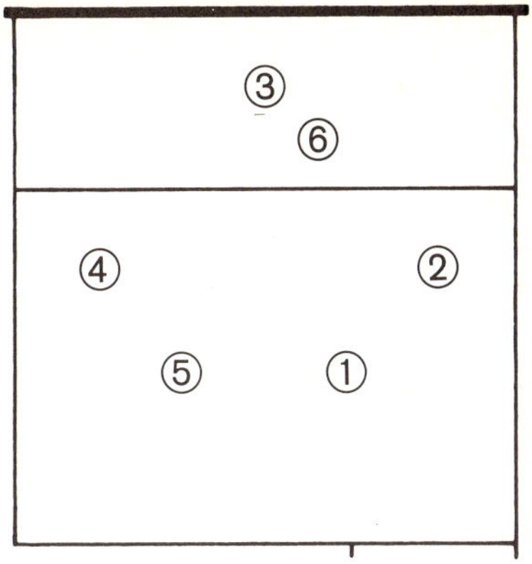

Zuspieler auf Position II:
Er hat die Möglichkeit, den ersten Paß zu schlagen, oder führt ein Sprungabspiel zur Position III oder IV durch.

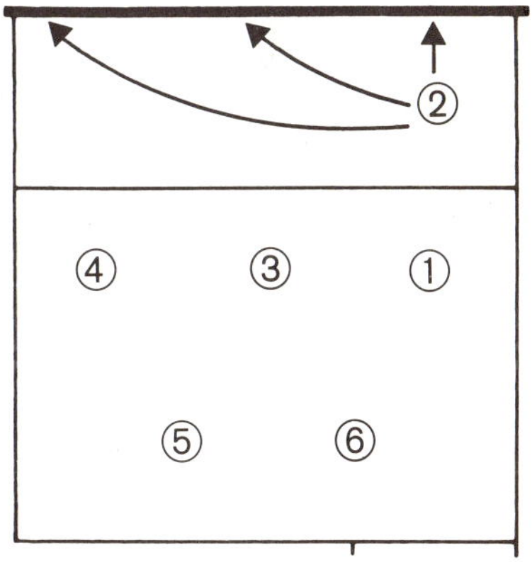

Läufer von Position I:
Er kann den Angreifer auf Position II kurz oder hoch über den Kopf einsetzen, kann aufsteigende oder kurze Bälle zur Position III und hohe oder flache, schnelle Bälle zur Position IV spielen.

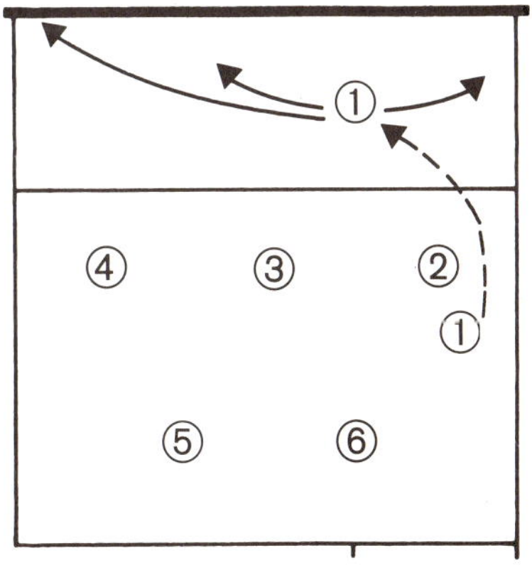

Abwehrsysteme

Die Aufstellung und das Zusammenspiel bei der Abwehr von Angriffsschlägen richtet sich nach dem Angriffsrepertoire des Gegners und nach den Möglichkeiten des eigenen Blockspiels. Zur Verfügung stehen Verteidigungssysteme ohne Block, mit einem Einerblock, mit einem Zweierblock und mit einem Dreierblock.

1. Abwehrsystem ohne Block

Diese Art der Verteidigung findet immer dann Anwendung, wenn der Gegner keinen oder nur einen schwachen Angriff hat, aber auch dann, wenn aufgrund eines schwachen Spielaufbaus die Handlungen nicht mit einem scharfen Angriff abgeschlossen werden können. Das Prinzip dabei ist, einen Spieler am Netz für das eigene Zuspiel bereit zu halten und in der Formation 3 : 2 abzuwehren. Dabei ist der Abwehrriegel so aufgebaut, daß drei Spieler vorn und zwei Spieler auf Lücke dahinter stehen.

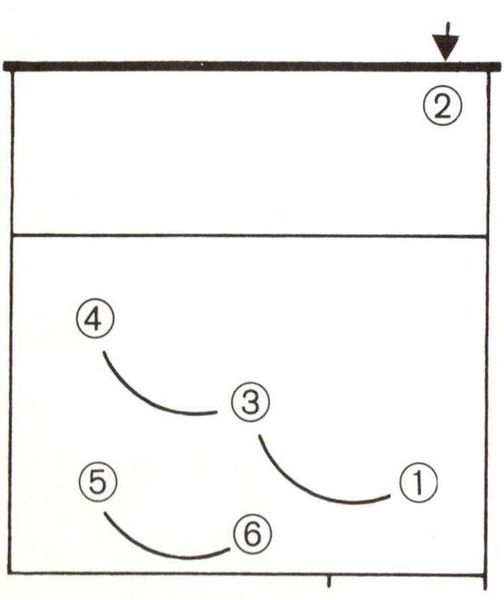

Abwehr ohne Block in der Formation 3:2

Angriff von Position IV

Angriff von Position II

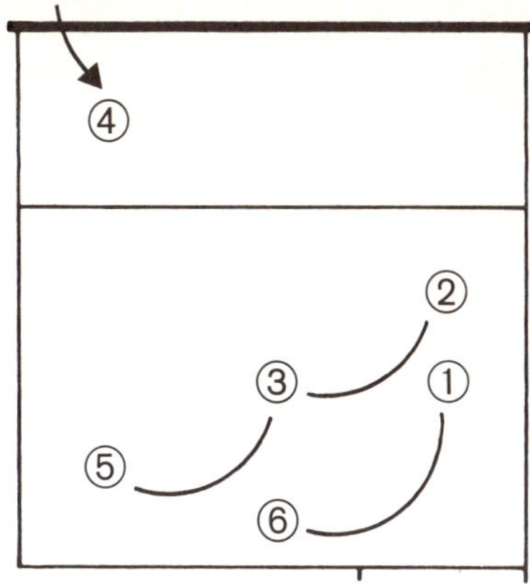

Angriff von Position III

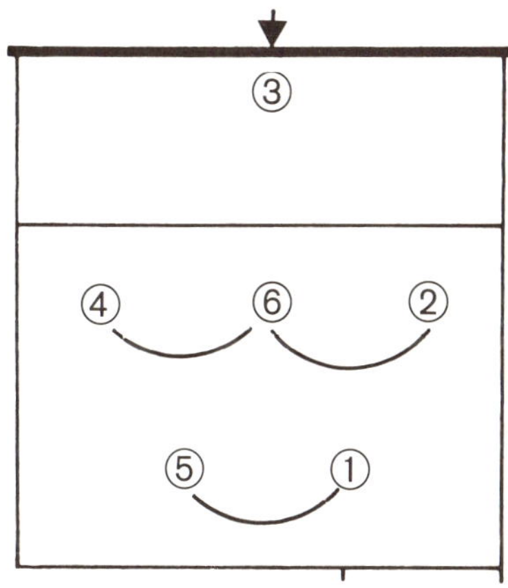

2. Abwehrsystem mit Einerblock
Hier unterscheidet man zwischen der Formation 1:1:4 und der Formation 1:2:3.
Bei der Formation 1:1:4 springt ein Spieler zum Block; ein Spieler übernimmt die Deckung nahe am Block, und vier Spieler übernehmen die Verteidigung des hinteren Felds.

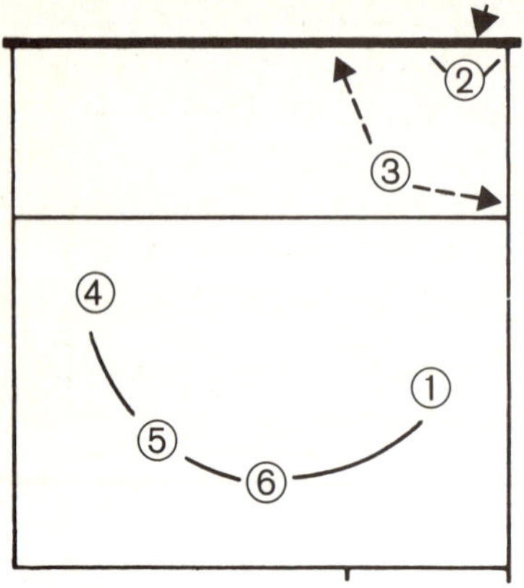

Formation 1:1:4
Angriff von Position IV

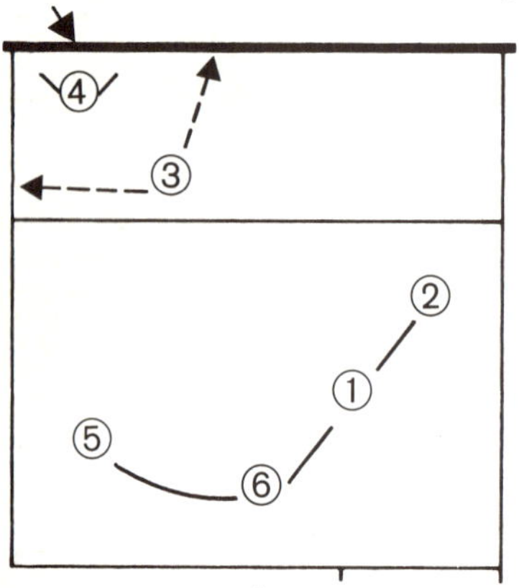

Angriff von Position II

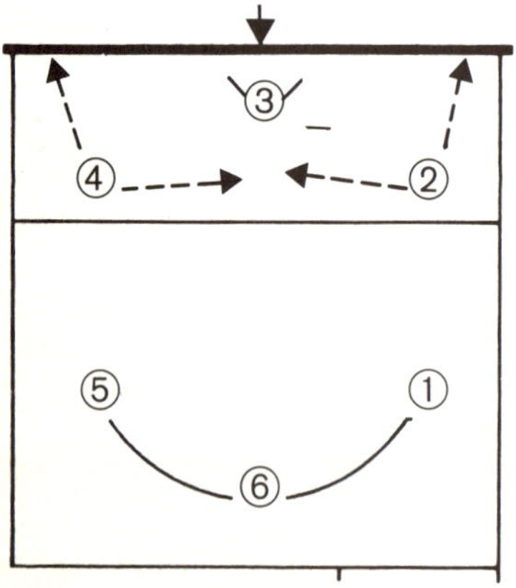

Formation 1:2:3
Die Formation 1:2:3 findet gewöhnlich dann Anwendung, wenn der Angriff des Gegners über die Position III erfolgt.
Die Spieler auf Position IV und II übernehmen die Deckung unmittelbar hinter dem Block und damit die Deckung des Angriffsraums. Die Spieler auf den Positionen V, VI und I übernehmen die Abwehr im hinteren Feld.

3. Abwehrsystem mit Zweierblock

Beim Abwehrsystem mit Zweierblock unterscheidet man die Formation 2:1:3, die Formation 2:2:2 und die Formation 2:0:4.

Formation 2:1:3

Hier bilden zwei Spieler den Block. Ein Spieler übernimmt die Deckung nahe am Block, und drei Spieler übernehmen die Ferndeckung, das hintere Feld. Die Deckung hinter dem Block kann sowohl vom Spieler der Position VI als auch von den Spielern der Positionen I und V übernommen werden.

Spieler von Position V hinter dem Block

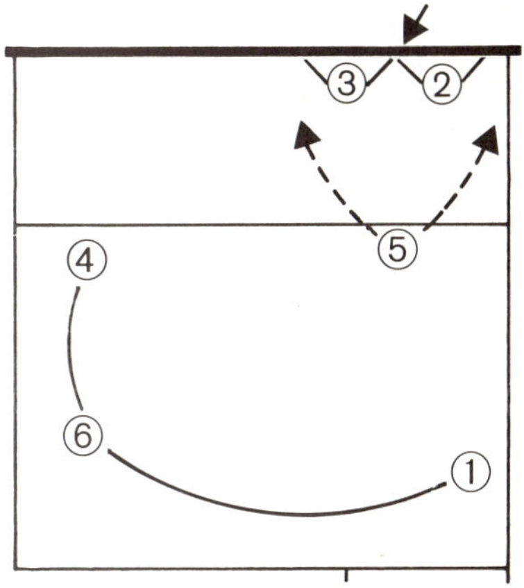

Spieler von Position VI hinter dem Block

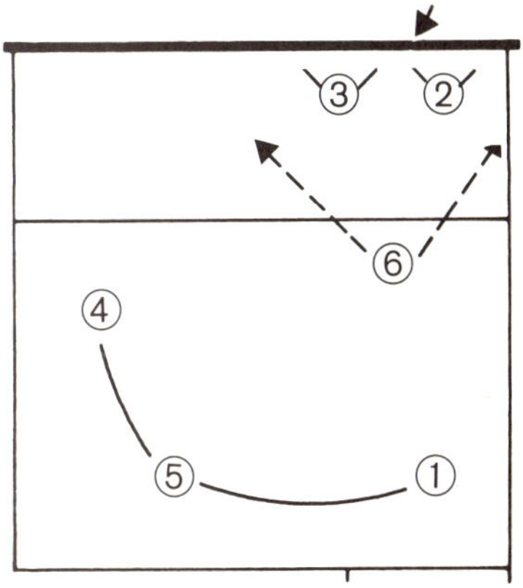

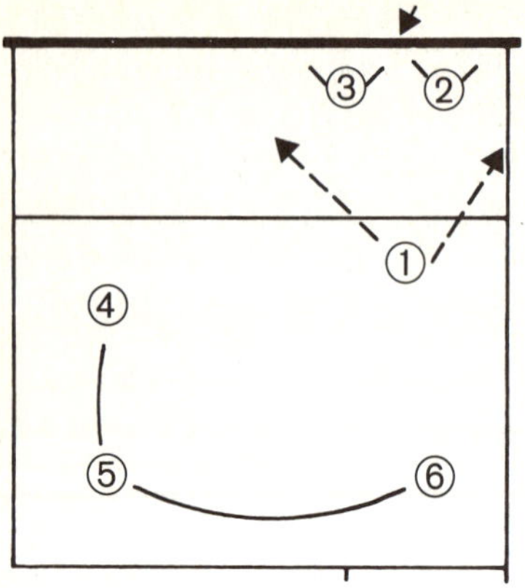

Spieler von Position I hinter dem Block

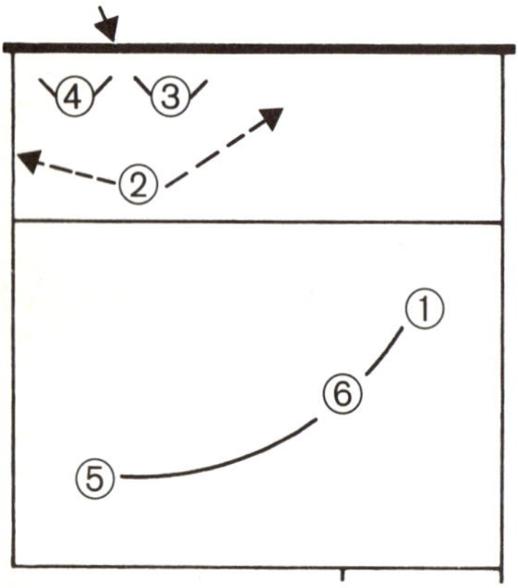

Spieler von Position II hinter dem Block

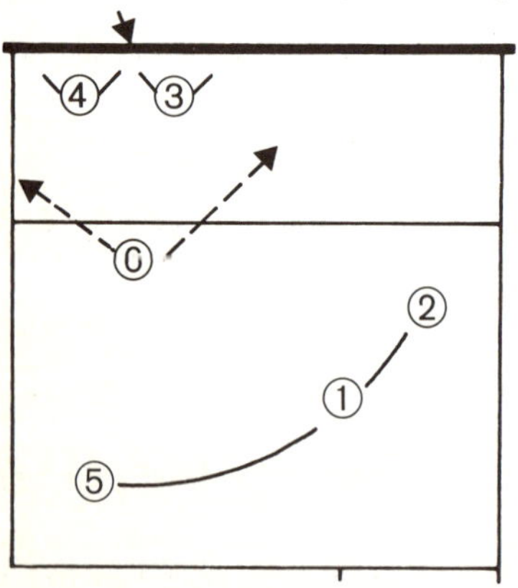

Spieler von Position VI hinter dem Block

Spieler von Position V hinter dem Block

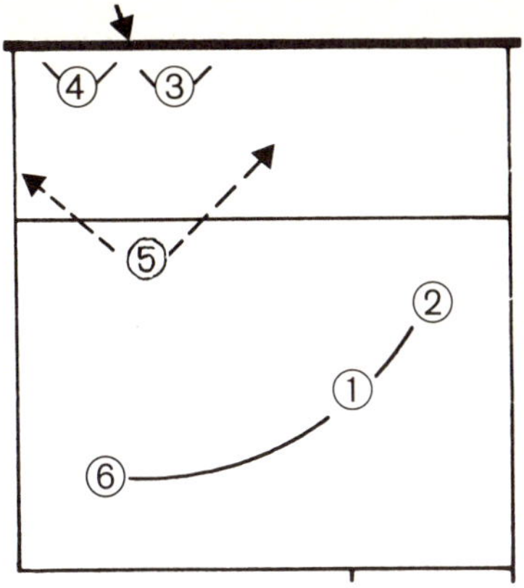

Abwehrsystem mit der Formation 2:2:2
Bei dieser Formation bilden zwei Spieler den Block. Zwei Spieler übernehmen die Deckung unmittelbar dahinter und die des Angriffsraums, zwei Spieler decken das hintere Feld ab.
Diese Formation bietet sich dann an, wenn der Gegner gelobbte Bälle kurz hinter dem Block als Täuschung placiert oder über einen weniger hart schlagenden Angriffsspieler verfügt.

Formation 2:2:2 bei Angriff von Position IV

Die Spieler der Positionen IV und VI übernehmen die Deckung nahe am Block; die Spieler der Position V und I decken das hintere Feld.

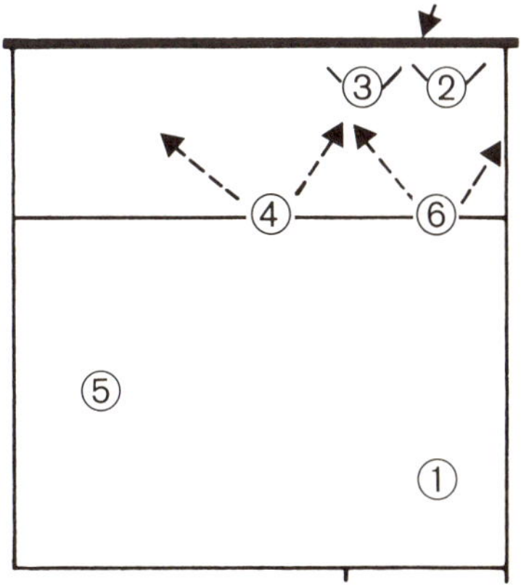

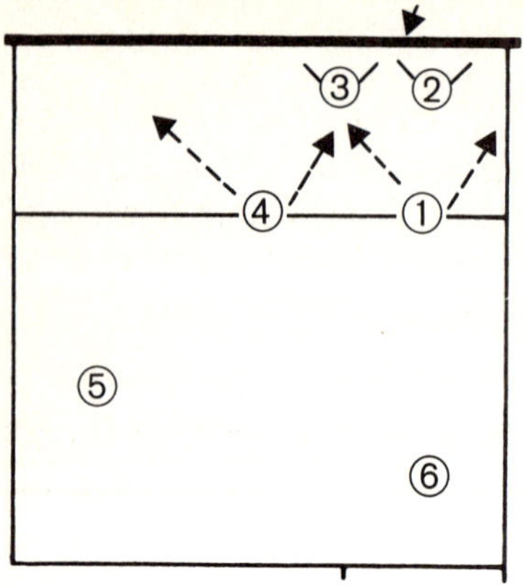

Die Spieler der Positionen IV und I übernehmen die Nahdeckung, die Spieler der Positionen V und VI die Ferndeckung.

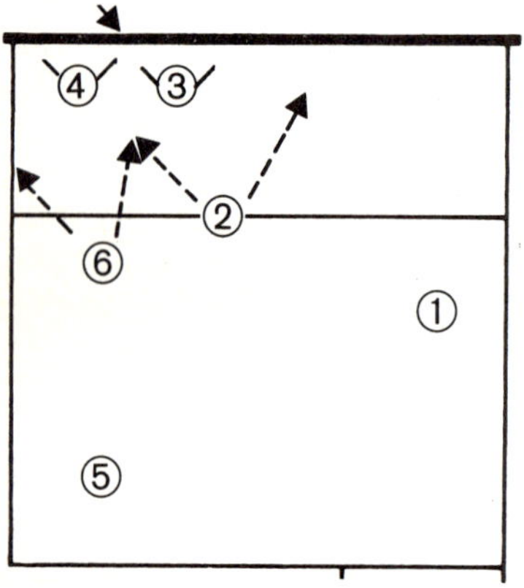

Formation 2:2:2 bei Angriff von Position II

Die Spieler von Position II und VI übernehmen die Nah-, die Spieler von Position V und I die Ferndeckung.

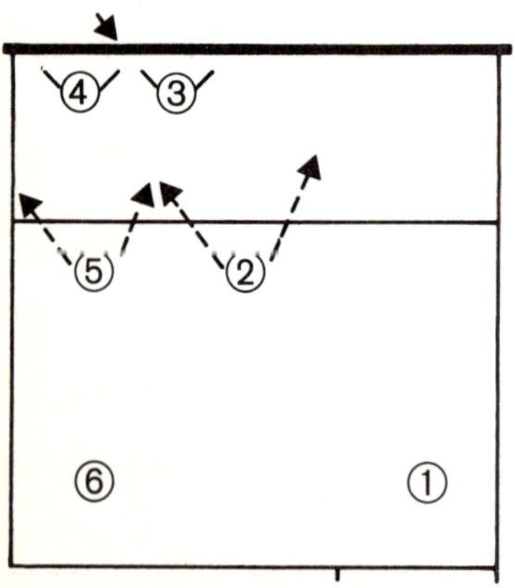

Die Spieler von den Positionen II und V übernehmen die Nah-, die Spieler der Positionen VI und I die Ferndeckung.

Abwehrsystem mit der Formation 2:0:4

Innerhalb dieser Formation bilden zwei Spieler den Block, und vier Spieler übernehmen die Verteidigung des hinteren Spielfelds. Es gibt hier keine Nahdeckung direkt hinter dem Block. Diese Art des Abwehrspiels wird bevorzugt, wenn der Gegner über einen sehr starken Angriff verfügt und wenig Bälle als Täuschung hinter dem Block ins Vorderfeld placiert.

Der Spieler auf Position VI rückt jeweils zur Seitenlinie und ist mitverantwortlich für die Abwehr von harten Bällen, die parallel zur Seitenlinie geschlagen werden. Die Spieler auf den Positionen IV und I bzw. V und II achten auf Täuschungen im Vorfeld.

Formation 2:0:4 bei Angriff über die Positionen IV und II

Angriff über Position IV

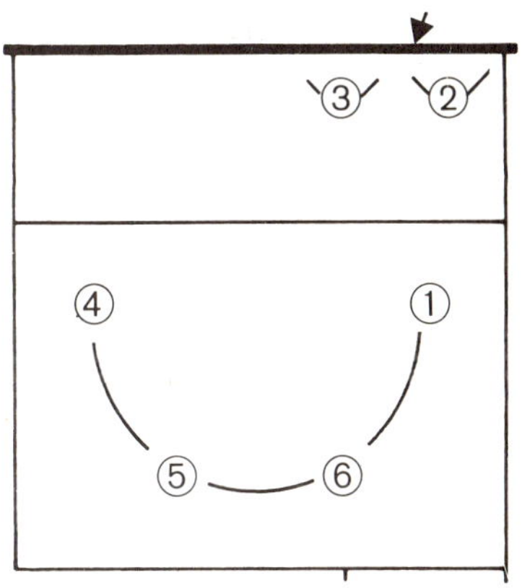

Angriff über Position II

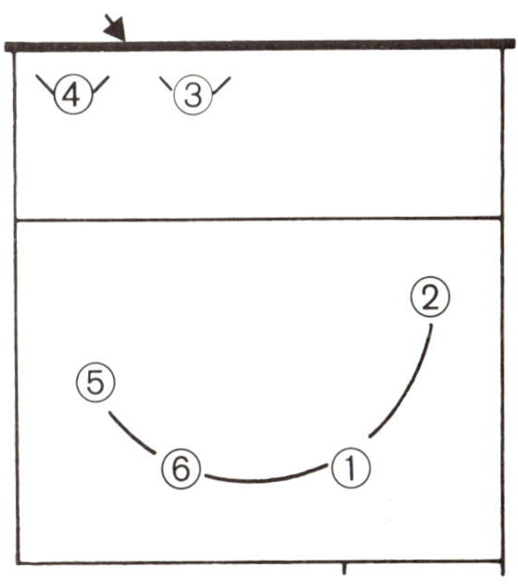

4. Abwehrsystem mit Dreierblock

Dieses System findet relativ selten Anwendung, und zwar nur dann, wenn der Hauptangreifer des Gegners hoch über die Position III angreift. Es gibt hier nur die Formation 3:0:3, das heißt, drei Spieler bilden einen Dreierblock auf der Position III, und drei Spieler übernehmen die Ferndeckung. Es gibt keine Nahdeckung direkt hinter dem Block.

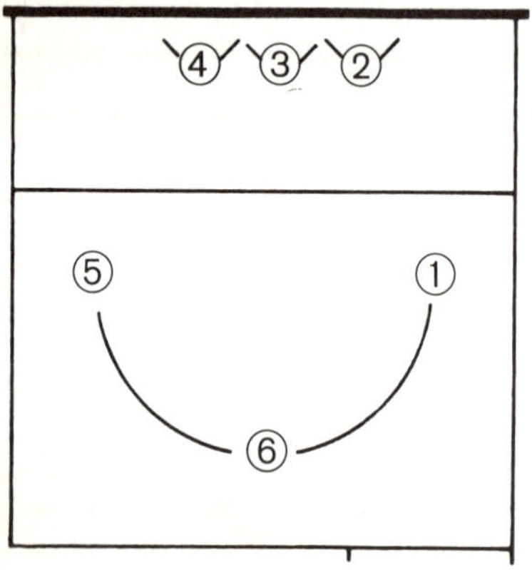

Formation 3:0:3
Der Spieler auf der Position VI spielt zurückgezogen im Hinterfeld und bleibt im Blockschatten. Die Spieler der Position V und I gehen aus dem Blockschatten heraus und wehren harte Angriffe sowie getäuschte Bälle im Vorderfeld ab.

Übungen zum Erlernen und Vervollkommnen von Gruppen- und Mannschaftshandlungen

1. Aufgabe zum Spieler auf Position V, Aufgabenabwehr zum Zuspieler auf Position III, Zuspiel mit hohem Paß zur Position IV. Der Annahmespieler läuft zum Angriff und schließt die Aktion mit einem Diagonal- oder Linienangriff ab.

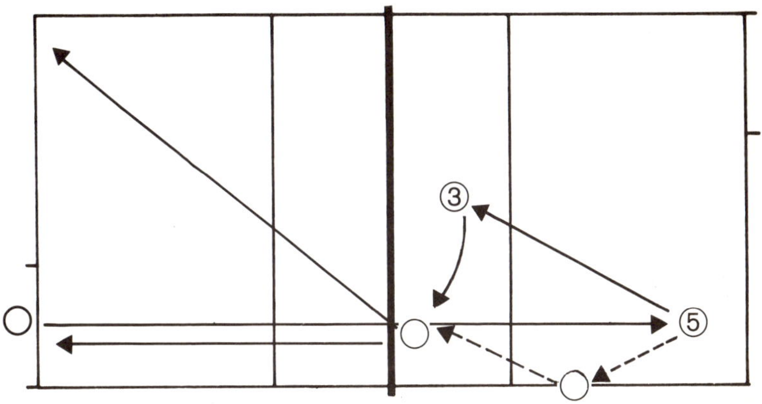

2. Abwehr der Aufgabe auf Position VI zur Position II, der Spieler auf Position II stellt einen hohen Paß zur Position III; von hier greift der Annahmespieler in Richtung Positionen V und I des gegnerischen Feldes an. Je nach Qualität der Annahme können auch flache Pässe oder aufsteigende Bälle geschlagen werden.

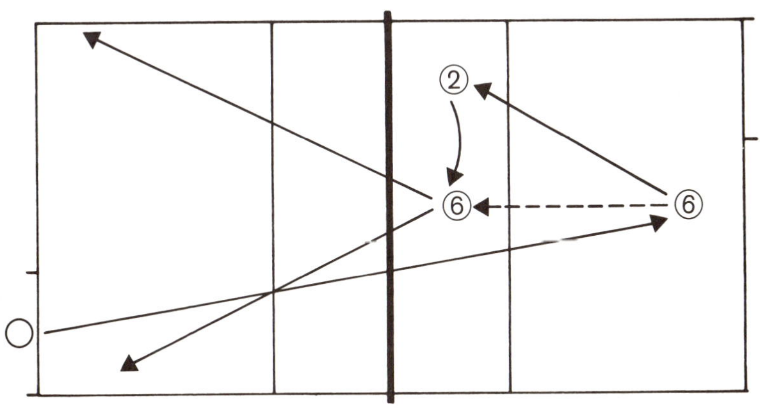

3. Spieler auf Position II spielt den angenommenen Ball zum Läufer, dieser spielt Pässe über Kopf zur Position II. Der Annahmespieler greift mit Linien- oder Diagonalangriffen an. Die Pässe können hoch oder kurz sein.

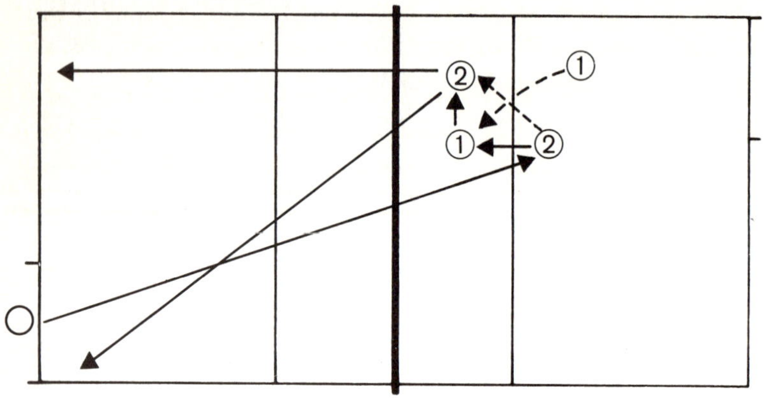

4. Übungen von (1) bis (3); nun erfolgt die Abwehr der Aufgabe auf Position IV zur Position III. Von hier aus hohes oder flaches Zuspiel zur Position IV. Der Annahmespieler greift diagonal oder parallel zur Seitenlinie an.

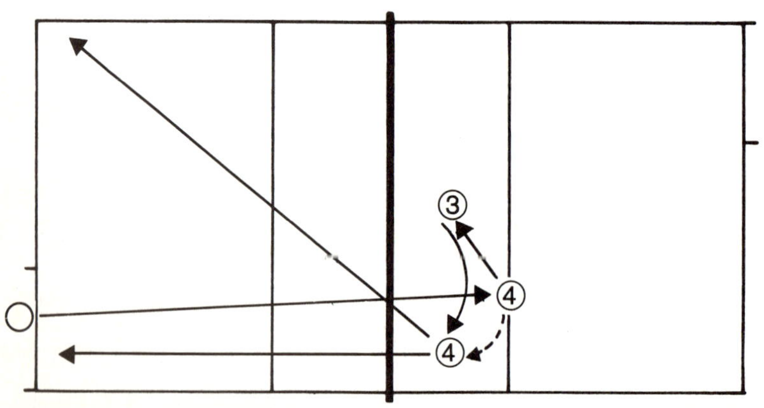

Die Übungen können durch die anderen vorgezogenen Abwehrpositionen ergänzt werden.

5. Übung wie (1); nur nimmt der Angreifer nicht selbst an.

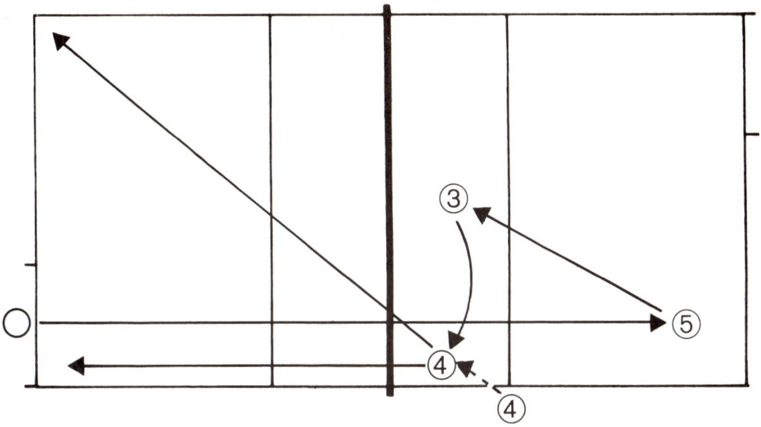

6. Aufgabe zum Annahmespieler auf Position V, Abwehr der Aufgabe zum Zuspieler auf Position II. Der Zuspieler greift bei guter Annahme selbst an oder spielt einen Paß zum Angreifer auf Position IV. Die Pässe können hoch oder flach sein.

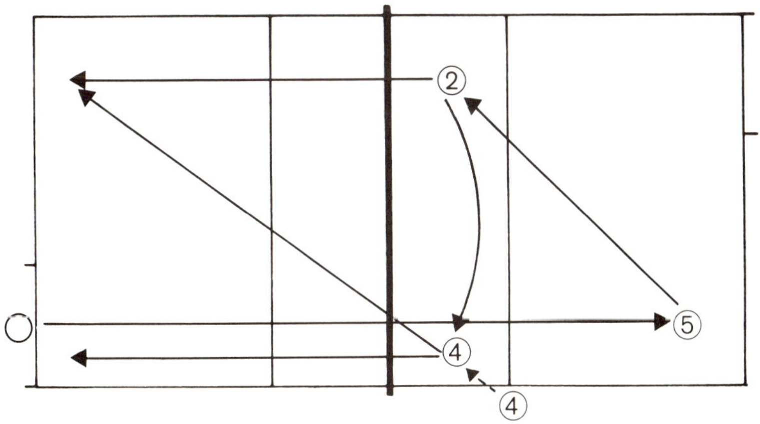

7. Annahme auf Position VI zum Zuspieler auf Position II. Dieser greift aus dem ersten Paß selbst an oder spielt einen aufsteigenden Ball zum Angreifer auf Position III oder setzt diesen mit einem flachen Ball in der Netzmitte ein.

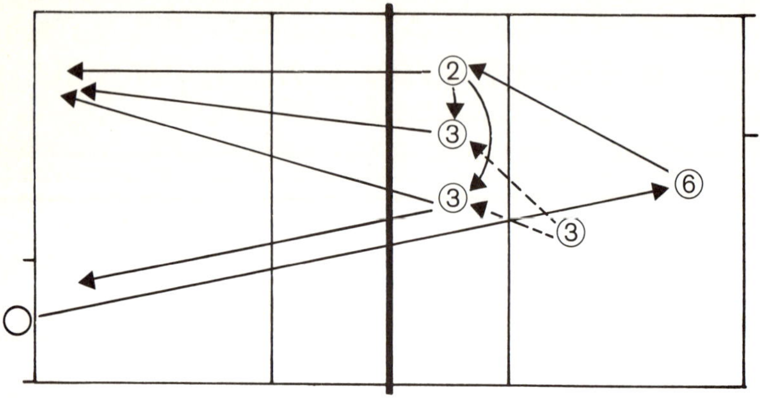

8. Annahme von Position VI zum Läufer von Position I. Dieser spielt halbhoch oder hoch über dem Kopf zum Angreifer auf Position II; der Angreifer schlägt Diagonal- oder Linienangriffe.

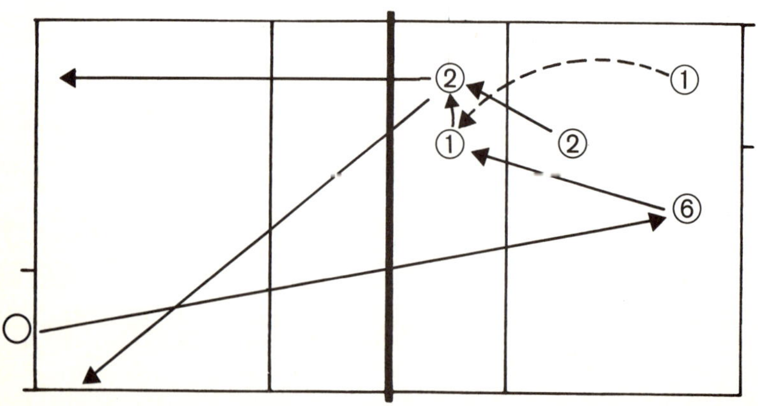

9. Annahme von Position IV bzw. II zum Zuspieler auf Position III. Bei Annahme auf Position II erfolgt ein hoher Paß über dem Kopf zum Spieler auf Position IV. Bei Annahme auf Position IV erfolgt das Zuspiel über dem Kopf zu Position II.

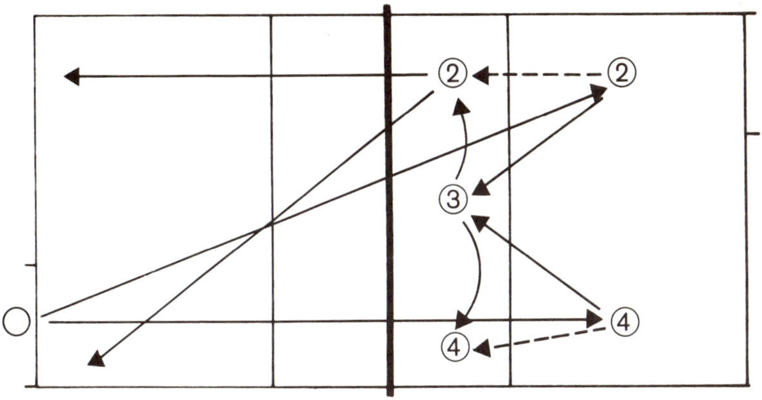

10. Aufgabe zum Spieler auf Position III oder IV. Annahme von Position IV zum Zuspieler auf Position II, von hier hoher oder flacher Paß zum Spieler auf Position III. Bei Annahme von Position III zum Zuspieler, von hier hoher oder flacher Paß zum Angreifer auf Position IV.

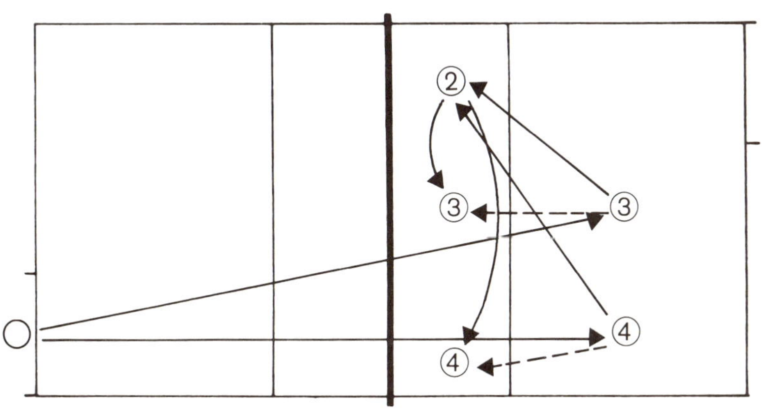

11. Übung wie (10); nur spielt der Zuspieler den Paß zu dem Spieler, der die Aufgabe angenommen hat, oder er schlägt den ersten Paß.

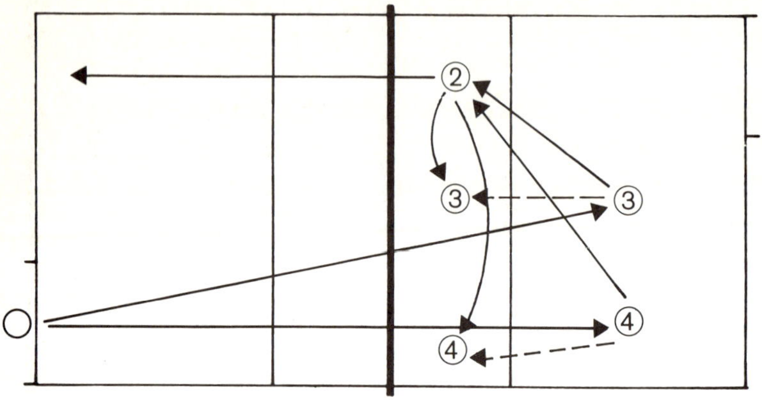

12. Aufgaben zu den Spielern auf den Positionen II, III und IV. Abwehr der Aufgabe zum Läufer von Position I. Zuspieler stellt Pässe:

a) kurz über den Kopf oder hoch zum Angreifer auf Position II;
b) flache, aufsteigende oder hohe Bälle zum Spieler auf Position III;
c) flache oder hohe Bälle zum Spieler auf Position IV.

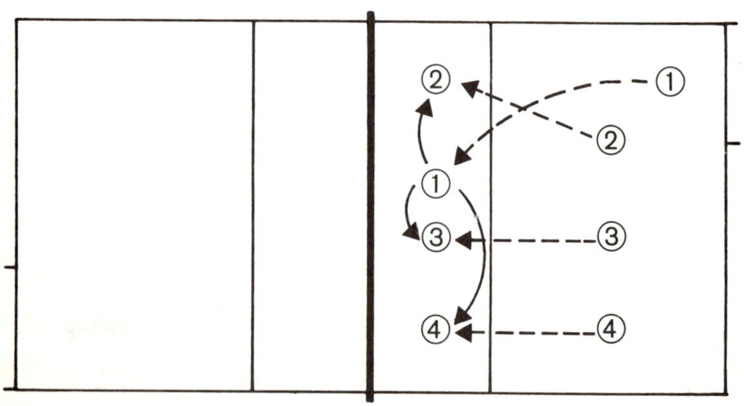

13. Übung wie (12), nur mit kompletter Mannschaft in der Annahme. – Die Übung so erweitern, daß der Zuspieler auch von anderen Positionen aus als Läufer fungiert.

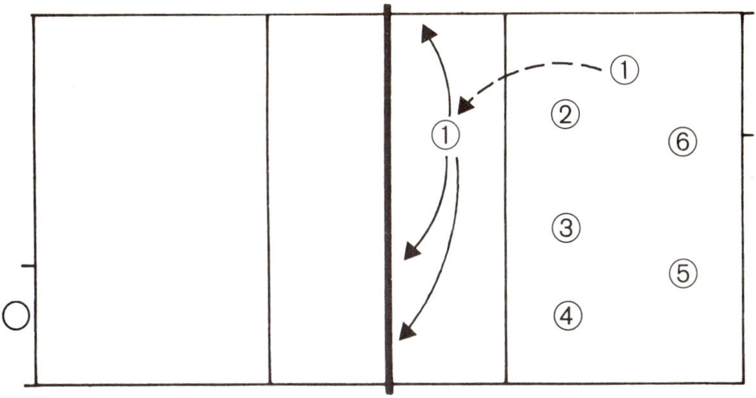

14. Wie Übung (1), nur mit Zweierblock und Feldabwehr mit Gegenangriff ohne Nahdeckung am Block. Das Zuspiel zum Gegenangriff erfolgt über den Spieler auf Position II.

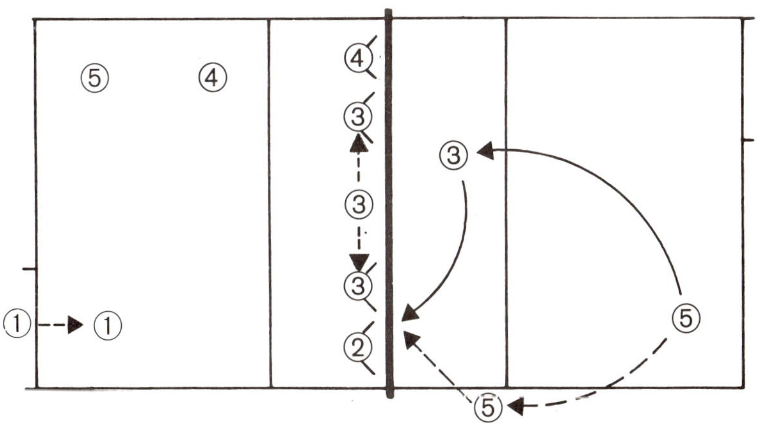

Die Übungen (1) bis (13) können auch mit Blockspielern, Feldabwehr und Gegenangriff als Komplexübungen veranstaltet werden. Es ist zu beachten, daß alle Handlungen, insbesondere die Abschlußhandlung – der Angriff –, fehlerlos durchzuführen sind.

5
hella
brunnen

Wettkampfbetreuung

Die Wettkampfbetreuung umfaßt drei große Bereiche:

1. Organisation
2. Hilfeleistung für die Aktiven
3. Coaching

Der Bereich *Organisation* umfaßt die Erledigung der Formalien für das Spiel. Im einzelnen gehören dazu folgende Aufgaben:
Es müssen die gültigen Spielerpässe der Spieler, die zum Spieleinsatz kommen sollen, eingereicht werden. Eine Mannschaft darf nicht mehr als zwölf gültige Spielerpässe abgeben. Alle Spieler werden vom Anschreiber, der ordentliches Mitglied des Schiedsgerichts ist, aufgrund der Pässe in den Spielberichtsbogen eingetragen. Vor Spielbeginn überprüft der Trainer die Eintragungen und bestätigt die Richtigkeit durch seine Unterschrift. Es muß darauf geachtet werden, daß auch tatsächlich die Spieler eingesetzt werden, die im Spielberichtsbogen eingetragen sind; anderenfalls gilt das Spiel als verloren.
Vor jedem Satz muß der Trainer dem 2. Schiedsrichter oder dem Anschreiber auf vorgedruckten Aufstellungskarten die Anfangsaufstellung seiner Mannschaft bekanntgeben. Diese wird ebenfalls ins Protokoll eingetragen. Die Spieler müssen dann, jeweils vor Anpfiff, auf ihrer festgelegten Position stehen. Sie dürfen also zu dieser Zeit ihre Positionen nicht tauschen. Nach Abschluß des Spiels muß der Mannschaftskapitän durch seine Unterschrift die Richtigkeit der Spieleintragungen bestätigen.
Ein weiterer Bereich der Organisation ist für den Gastgeber das Ausrichten des Wettkampfs. Die Wettkampfanlage muß dafür in den vorgeschriebenen Zustand gebracht werden. Sie sollte den Mannschaften zur Erwärmung mindestens 40 Minuten vor Spielbeginn zur Verfügung stehen.
Der Bereich *Hilfeleistung für die Aktiven* umfaßt die Versorgung vor und während des Wettkampfs mit Getränken, Massage und – wenn erforderlich – mit Erste-Hilfe-Leistungen.
Die Versorgung darf nicht während des Spielablaufs geleistet werden; hierfür ist eine Spielunterbrechung notwendig. Die Spielunterbrechung muß durch den Trainer oder Mannschaftskapitän beim 2. Schiedsrichter in Form einer Auszeit beantragt werden.
Der 1. Schiedsrichter unterbricht das Spiel durch Abpfiff für 30

Sekunden. Während dieser Zeit kann die Versorgung der Spieler, die das Spielfeld jedoch nicht verlassen dürfen, erfolgen. Zu beachten ist, daß der Versorgende das Spielfeld nicht betreten darf; vielmehr muß er die Versorgung vom Rand des Spielfelds aus leisten.

Nur bei akuten Sportverletzungen, bei denen Erste Hilfe notwendig ist, erhält die Mannschaftsleitung durch Zeichen des 1. Schiedsrichters die Erlaubnis, das Spielfeld zu betreten.

Kernstück des *Coaching* besteht für den Trainer darin, die Mannschaft im Wettkampf zu betreuen. Er hat aufgrund des Regelwerks die Möglichkeit, in Form von Auszeiten oder Auswechslungen, welche beim 2. Schiedsrichter beantragt und vom 1. Schiedsrichter gewährt werden, aktiv ins Spielgeschehen einzugreifen. Dies ist ein wesentliches Mittel, den Spielverlauf für die eigene Mannschaft positiv zu beeinflussen. Taktisch und psychologisch richtige Anweisungen während der Auszeit bestimmen nicht selten den weiteren Spielverlauf.

Ähnlich verhält es sich beim Auswechseln von Spielern. Zum richtigen Zeitpunkt den richtigen Spieler ins Spiel gebracht, hat schon oft einen Wettkampf zugunsten einer Mannschaft entschieden. Bei falschem Umgang mit Auszeit und Auswechslung kann natürlich der entgegengesetzte Fall eintreten.

Eine Auszeit ist zu beantragen,

- wenn die Mannschaft schon zu Beginn des Spiels nicht den richtigen Rhythmus findet;
- wenn bei den Spielern Unklarheiten in der Rollenverteilung bestehen;
- spätestens dann, wenn drei eigene Fehler hintereinander eingetreten sind;
- wenn der Gegner aus dem Rhythmus gebracht werden soll;
- wenn es darum geht, die Mannschaft auf bestimmte taktische Maßnahmen des Gegners neu einzustellen.

Es gibt kein Schema, nach dem man Auszeiten nehmen kann. Vielmehr muß der Trainer die Wirkung seiner Auszeit dem Spielverlauf entsprechend einschätzen. Neben der richtigen Wahl des Zeitpunkts einer Auszeit ist es wichtig, die 30 Sekunden optimal zu nutzen. Schon deshalb sollte sich der Trainer im Gespräch mit den Spielern auf das Wesentliche beschränken.

Von Vorteil ist es, einzelne Spieler gezielt anzusprechen und den

anderen Spielern eine Pause zu gewähren. Manchmal reicht es auch aus, zum Spiel nichts zu sagen, sondern nur ein paar aufmunternde Worte zu finden.
Das Auswechseln von Stammspielern richtet sich nach der jeweiligen Spielsituation und nach den Stärken und Schwächen der Auswechselspieler.
Neben der Möglichkeit, mit Hilfe des Auswechselns aktiv in das Spielgeschehen einzugreifen, lassen sich gewisse Stärken der Auswechselspieler ausschöpfen, um die eigene Wettkampfleistung zu stabilisieren oder – wenn nötig – einem Stammspieler eine Erholungspause zu gewähren.
Taktisch richtige Auswechslungen könnten sein:

- einen guten Aufgabespieler für die Aufgabe einzuwechseln;
- einen ermüdeten Hauptangreifer gegen einen stärkeren Feldabwehrspieler im Hinterfeld auszuwechseln;
- für einen kleinen Vorderspieler einen langen Blockspieler einzuwechseln.

Neben dem Gesichtspunkt des technischen und taktischen Auswechselns kann ein Spieler auch eingewechselt werden, um den Kampfgeist der Mannschaft zu heben.

Psychologische Vorbereitung

Psychische Anforderungen im Wettkampf
Als grundlegende Voraussetzung für die psychischen Anforderungen im Wettkampf gilt, daß ein Volleyballspiel nicht unentschieden beendet werden kann. Allein diese Tatsache verleiht dem Spiel ein gewisses Maß an Härte; denn es gibt nur Gewinnen oder Verlieren, Sieg oder Niederlage.
Ein hohes Maß an Konzentrationsfähigkeit der einzelnen Spieler ist für den Ausgang des Spiels entscheidend; nur eine konzentriert spielende Mannschaft hat die Chance, das Spiel für sich zu entscheiden. Läßt eine Mannschaft in bezug auf die Konzentration nach, so gleitet ihr das Spiel schon aufgrund seiner Schnelligkeit aus den Händen.
Die Höhe der psychischen Anforderungen richtet sich im wesentlichen nach der Wichtigkeit des Spiels. So ist die Belastung bei Meisterschafts- oder Pokalspielen sowie bei Auf- und Abstiegsspielen

besonders hoch. Auch kann sich eine Mannschaft einen Angstgegner aufgebaut haben, gegen den sie in einem Prestigekampf ebenfalls einer hohen psychischen Belastung ausgesetzt ist.
Aufgrund der besonderen Eigenschaften jedes einzelnen Spielers – sei es im Spielaufbau und dem Abschluß des Angriffs oder im System der Feldabwehr – ist die ganze Mannschaft psychischen Belastungen unterworfen; denn eine fehlerhafte Handlung des einzelnen ist durch einen Mannschaftskameraden kaum auszugleichen. Andererseits ist es im Volleyball unmöglich, daß ein Spieler ein Spiel allein gewinnen kann; dieses kann nur durch Gruppenhandlungen entschieden werden. Insofern sind die einzelnen Spieler voneinander abhängig.
So ist der Zuspieler angewiesen auf eine gute Annahme, und der Angreifer ist abhängig vom taktisch richtigen Zuspiel. Aus der Tatsache, daß die Fehler einzelner von der Mannschaft nicht kompensiert werden können, ergibt sich die hohe psychische Belastung aller Spieler. Deshalb muß die Mannschaft mit der genauen Kenntnis der eigenen Schwächen und Stärken ins Spiel gehen; nur dann besteht die Möglichkeit, das Spiel psychisch durchzustehen. Die Mannschaft muß versuchen, sich während des gesamten Spiels vorwiegend auf die eigenen Stärken zu konzentrieren.

Die psychische Stabilität im Wettkampf (*Wettkampfhärte*) steigt naturgemäß mit der Anzahl der absolvierten Spiele. Dabei ist zu fragen, welche Anforderungen an die einzelnen Spieler gestellt werden.
Trotz nervlicher Belastung muß jeder Spieler eine optimale Leistung erbringen; denn jede Mannschaft ist nur so stark wie ihr schwächster Spieler. Weiterhin müssen eigene Fehler schnell ‹verkraftet› werden, damit keine Fehlerserie daraus entsteht. Auch das Verkraften der Fehler anderer in Verbindung mit einem positiven Einwirken auf diese Spieler ist eine psychische Anforderung, der im Wettkampf nachzukommen ist. Versuche des Gegners, einzelne Spieler nervös zu machen, müssen ohne Leistungsabfall abgewehrt werden. Dies trifft auch zu für Fehlentscheidungen der Schiedsrichter oder der Linienrichter sowie für Einwirkungen des Publikums auf einzelne Spieler.
Nach jeder Spielunterbrechung wie einer Auszeit darf keine fehlerhafte Handlung begangen werden. Eine solche stellt immer eine

enorme psychische Belastung für den Spieler dar, der gerade aktiv ist und zum Beispiel die Aufgabe schlagen muß. In schwierigen Situationen muß hier auf Sicherheit und konzentriert gespielt werden.
Ein schwacher Tag muß sowohl vom Angreifer selbst als auch von den anderen Spielern durchgestanden werden, ohne daß deren Leistung darunter leidet. Hat zum Beispiel das Zuspiel nicht die übliche Qualität, so muß der Angreifer die Handlungskette ohne Fehler und ohne ‹Meckern› positiv abschließen. Andernfalls wird die gesamte Mannschaft belastet.
Vom einzelnen Spieler wird weiterhin verlangt, daß er Anweisungen, die vom Trainer während des Wettkampfs gegeben werden, psychisch verarbeitet und bestrebt ist, seine Leistung möglichst zu steigern.
Letztlich macht es sich positiv bemerkbar, wenn der Trainer einen Spieler nicht unmittelbar nach einem Fehler auswechselt, sondern erst nach einer positiven Spielhandlung. Dies gilt natürlich nur, wenn es die Spielsituation erlaubt.
Im Laufe einer Saison ist nicht zu vermeiden, daß einzelne oder sogar alle Spieler psychische Tiefs durchmachen. Hier bietet das Training genügend Möglichkeiten, die Spieler psychologisch aufzubauen und zu motivieren.

Motivation für Training und Wettkampf

Das Training ist das wesentlichste Mittel, um auf die Psyche der Spieler einzugehen. Durch die Gestaltung des Trainings können Motivationen der Spieler abgebaut oder gefördert werden. Es gilt also, eine Mischung aus freudvollem Üben und reinem Arbeitstraining zu finden.
Will man die Spieler motivieren, dann sollte man sie vor der Saison über den Inhalt des Trainingsprogramms informieren und darüber gemeinsam diskutieren. Somit können einzelne Arbeitsphasen eingeplant werden, die keine unangenehme Überraschung bieten. Ein Mitspracherecht der Spieler bei der Trainingsgestaltung in angemessenem Umfang macht sich ebenfalls positiv bemerkbar.
Die Trainingsschwerpunkte werden je nach Zielsetzung festgelegt. Es ist sinnlos, im Freizeitsport ein umfangreiches Krafttraining

durchzuführen. Hier sollte der Schwerpunkt darin liegen, die Freude am Spiel zu fördern.
Sind die Trainingsschwerpunkte richtig gesetzt und von den Spielern akzeptiert, so ist die Freude an der eigenen Leistungssteigerung ein entscheidender Faktor zur Motivation für das Training.
Um die Spieler für den Wettkampf zu motivieren, bedarf es keiner besonderen Anstrengungen. Meist werden die Spieler schon dadurch angespornt, daß sie ihre Leistung mit der des Gegners vergleichen wollen. Auch gilt es, eingeübte Handlungen wie Kombinationen im Wettkampf zu erproben. Motivation für ein Spiel gegen eine schwache Mannschaft kann eine festgelegte Punktzahl sein, die der Gegner nicht überschreiten darf. Es ließen sich noch viele solcher Beispiele anführen, um die Spieler positiv auf den Wettkampf einzustellen.

Mannschaften, die Wettkampfsport betreiben, sind den Höhen und Tiefen des Siegens und Verlierens ausgesetzt. Diese Mannschaften wollen im Training gezielt angesprochen werden. Vor einem Angstgegner oder einem entscheidenden Spiel wird ein freudbetontes Training mit geringem Umfang, aber mit hoher Intensität angesetzt. So werden die Spieler abgelenkt und die Nervosität vor dem bevorstehenden Spiel abgebaut. Es ist ungünstig, zu sehr auf Fehler einzugehen; besser ist es, Positives zu loben. Bei einem leichten Gegner kann man Fehler ruhig aussprechen; wenn notwendig, ist auch eine deftige Kritik angebracht.
Ebenso differenziert muß sich der Trainer nach einem Wettkampf verhalten. Hat die Mannschaft eine Niederlage erlitten, so ist es unangebracht, unmittelbar oder in der ersten Trainingsstunde massive Kritik zu üben. Es ist günstiger, das Training freudbetont und nach den Wünschen der Spieler auszurichten. Erst wenn genügend Abstand gewonnen ist, wird eine sachliche Kritik geleistet, die sich jedoch auf das Hauptsächliche beschränkt. Nach einem Sieg dagegen sind die Spieler auch kritisch ansprechbar.
Der Trainer muß den Spielern das Gefühl geben, daß er ihr Berater ist, also ihre Leistungen verbessern will und ein persönliches Engagement aufbringt. Im Interesse einer stabilen Mannschaftsleistung muß er bereit sein, gegebenenfalls vom geplanten Training abzuweichen oder mit dem Umfang zurückzugehen. Dadurch können Resignationserscheinungen oder Spannungen zwischen Spielern und

dem Trainer abgebaut werden. Im Extremfall kann das Training vollständig ausfallen. Es werden dann gezielte Maßnahmen ergriffen, die dem Zusammenhalt der Mannschaft förderlich sind, etwa ein Kinobesuch oder ein Mannschaftsgespräch.
Die Gewißheit der Spieler, daß der Trainer auch über den Rahmen des Trainings hinaus für sie da ist, ist eine gute Motivation für Training und Wettkampf.

SSF
BONN
2

Tests und Leistungskontrollen

Bei der Steigerung der Motivation im Training kommt den Tests und Leistungskontrollen eine erhebliche Bedeutung zu. Durch sie hat der Sportlehrer und Übungsleiter ein Mittel, sportliche Leistungen zu messen. Dies sollte in jedem Fall angestrebt werden. Macht man die Erfolge der Trainingsarbeit in Form von regelmäßig durchgeführten Leistungskontrollen meßbar, dann erhält der Übungsleiter zudem sinnvolle Aussagen über die Effektivität des Trainings, was eine konkrete Bewertung des Trainingszustands eines Aktiven zuläßt.
Aus diesem Grund sollte Training oder Unterricht nicht ohne zyklisch durchgeführte Leistungskontrollen ablaufen. Um gesicherte Aussagen über eine Leistungssteigerung oder einen Leistungsabfall durch Anwendung von Test und Leistungskontrolle zu erhalten, sind bestimmte Kriterien zu beachten.

1. Vor Beginn eines Trainingsabschnitts oder einer Trainingsperiode sollte eine Eingangskontrolle durchgeführt werden.
2. Alle Ergebnisse werden schriftlich unter Angabe von Ort, Zeit und Datum festgehalten.
3. Bestleistungen und Rekorde sind hervorzuheben.
4. Die Bewertungskriterien bleiben unverändert.
5. Bei Testwiederholungen, die von Zeit zu Zeit notwendig sind, schafft man möglichst gleiche äußere Bedingungen.
6. Die abzutestenden Leistungen sollten sich auf die Trainingsschwerpunkte eines Trainingsabschnitts beziehen.

In den folgenden Abschnitten werden aus den Bereichen der allgemeinen und speziellen Konditionierung, der Technik und der Gruppenhandlungen Möglichkeiten aufgezeigt, wie Leistungen gemessen werden können.
Allerdings ist es nicht möglich, die technische Ausführung eines Elements exakt zu messen, zumindest nicht mit den normalen Mitteln, über die ein Sportlehrer oder Übungsleiter verfügt. Gemessen werden kann jedoch die Zielgenauigkeit beispielsweise eines oberen oder unteren Zuspiels oder eines Angriffsschlags. Wir testen hier also die Präzision des Ergebnisses eines technischen Ablaufs, nicht den technischen Bewegungsablauf selbst.
Bei der Art und Weise dieser Tests ist es somit durchaus möglich, hervorragende Ergebnisse zu erzielen, obwohl der betreffende Sportler noch Mängel in der technischen Ausführung eines Spielelements hat. Dieser Nachteil sollte aber nicht dazu führen, im Bereich der Technik auf Überprüfungen der Zielgenauigkeit zu verzichten.
Wichtig ist eben nicht nur der biomechanisch optimale Bewegungsablauf eines technischen Elements, sondern auch das erzielte Ergebnis. Dem Angriffsspieler ist es zum Beispiel egal, ob der Paß des Zuspielers mit idealer Fingerhaltung erzielt worden ist. Für ihn ist die Qualität des Passes entscheidend. Das sollte jedoch auf keinen Fall so verstanden werden, als ob der Bewegungsablauf in der Ausbildung von technischen Fertigkeiten zweitrangig sei. Im Gegenteil, in der Regel ist es so, daß die Spieler, die über die bessere Technik verfügen, auch im Bereich der Zielgenauigkeit die besseren Ergebnisse erzielen.

Tests im Bereich der allgemeinen Konditionierung

1. Kraft

- Armbeugen und -strecken aus dem Stütz in der Holmengasse des Parallelbarrens

Testbeschreibung: Aus dem Stütz in der Holmengasse sind die Arme im Ellbogengelenk zu beugen und wieder in den Stütz zu strecken.
Bewertung:
Mädchen 100 Punkte = 20 Beugestütze

Jungen	100 Punkte	= 25 Beugestütze
je Beugestütz mehr		= 4 Punkte mehr
je Beugestütz weniger		= 4 Punkte weniger

- Hockstrecksprünge an die Unterkante des Basketballbretts

Testbeschreibung: Aus der tiefen Hocke Sprung an das Basketballbrett, beide Hände müssen das Brett berühren; wieder in die Hocke, beide Hände müssen den Boden berühren. Durchführung ohne Pause so lange, bis nicht mehr beide Hände das Brett erreichen.

Bewertung:

Mädchen	100 Punkte	= 25 Brettberührungen
Jungen	100 Punkte	= 30 Brettberührungen
je Brettberührung mehr		= 3 Punkte mehr
je Brettberührung weniger		= 3 Punkte weniger

- Beine heben und senken aus dem Hang an der Sprossenwand

Testbeschreibung: Der Sportler hängt mit dem Rücken an der Sprossenwand; Abstand der Füße zur Erde circa 20 cm. Davor ist in Längsrichtung ein Pferd aufgebaut, das so hoch eingestellt ist, daß es nur mit den gestreckten Beinen bei circa 90 Grad zum Rumpf überquert werden kann. Die Übung erfolgt ohne Pause, bis das Pferd berührt wird.

Bewertung:

Mädchen	100 Punkte	= 20mal überqueren
Jungen	100 Punkte	= 25mal überqueren
je Überquerung mehr		= 4 Punkte mehr
je Überquerung weniger		= 4 Punkte weniger

2. Beweglichkeit

- Aufrichten aus der Bauchlage

Testbeschreibung: Der Spieler liegt in Bauchlage auf dem Boden, die Füße sind fixiert (unter einer Bank oder Sprossenwand). Beide Arme sind gestreckt. Der Spieler richtet sich jetzt so hoch er kann auf. Gemessen wird der Abstand von beiden Händen zum Boden.

Bewertung:

Jungen und Mädchen je 1 cm vom Boden = 1 Punkt

- Rumpftiefbeugen

Testbeschreibung: Der Spieler steht auf einem Turnkasten. Bei völlig gestrecktem Kniegelenk beugt er sich nach vorn und greift mit beiden Händen so weit wie möglich unterhalb der Fußspitzen.

Gemessen wird der Abstand von den Fingerspitzen zur Kastenoberkante in cm.

Bewertung:

Jungen und Mädchen je 1 cm = 5 Punkte

- Ein- und Ausschultern

Testbeschreibung: Der Sportler steht in leichter Seitgrätschstellung und hält einen Gymnastikstab oder Besenstiel in der Vorhalte. Bei gestreckten Armen ist der Stab nun in die Rückhalte auszuschultern und wieder zurück in die Vorhalte zu bringen. Von Versuch zu Versuch ist der Abstand zwischen den Händen zu verringern, bis das Ein- und Ausschultern nicht mehr möglich ist.

Bewertung:

Jungen und Mädchen 80 cm = 100 Punkte
je 1 cm weniger = 2 Punkte mehr
je 1 cm mehr = 2 Punkte weniger

3. Schnelligkeit

- 18-m-Sprint

Testbeschreibung: Der Spieler sprintet nach Pfiff von der Startlinie (Aufgaberaum) 18 m zur Grundlinie auf der anderen Seite. Nach fünf Läufen wird die Zeit der einzelnen Läufe addiert.

Bewertung:

Mädchen 100 Punkte = 15,8 Sek.
Jungen 100 Punkte = 15,0 Sek.
0,1 Sek. schneller = 2 Punkte mehr
0,1 Sek. langsamer = 2 Punkte weniger

- 36-m-Hüpfen

Testbeschreibung: Ausgangsstellung ist die Grundlinie im Aufgaberaum. Nach Pfiff hüpft der Spieler auf dem rechten Bein bis zur Grundlinie der anderen Seite; hier wechselt er das Sprungbein und hüpft zurück bis über die Startlinie.

Bewertung:

Mädchen 100 Punkte = 9,0 Sek.
Jungen 100 Punkte = 8,5 Sek.
0,1 Sek. schneller = 2 Punkte mehr
0,1 Sek. langsamer = 2 Punkte weniger

- Sprint mit Richtungswechsel 9 plus 3 plus 6 plus 3 plus 9 m

Testbeschreibung: Ausgangsstellung ist die Grundlinie im Angriffsraum. Nach Pfiff Sprint zur Mittellinie – Fuß berührt die Mittellinie – Drehung um 180 Grad, Sprint zur Angriffslinie, Drehung um 180 Grad, Sprint zur Angriffslinie gegenüber, Drehung um 180 Grad, Sprint zur Mittellinie, Drehung und Sprint zur Grundlinie. Aus der Drehung um 180 Grad ergibt sich, daß ständig derselbe Fuß die Linien berühren muß.

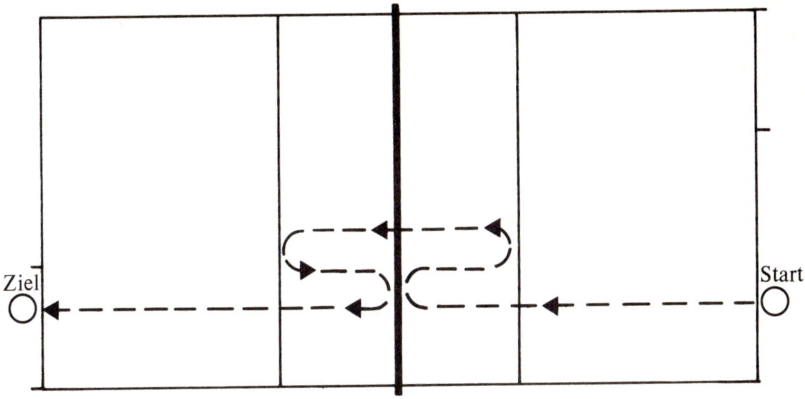

Bewertung:
Mädchen 100 Punkte = 7,5 Sek.
Jungen 100 Punkte = 7,0 Sek.
0,1 Sek. schneller = 2 Punkte mehr
0,1 Sek. langsamer = 2 Punkte weniger

Tests im Bereich der speziellen Konditionierung

1. Schnelligkeit

- Japan-Test

Testbeschreibung: In einem Abstand von 4,5 m sind auf dem Hallenboden Markierungen (Linien oder Kreise) aufgezeichnet. Der Spieler steht in der Mitte. Nach Signal läuft er mit seitlichem Nachstellschritt nach links und berührt mit der linken Hand die Markierung, dann nach rechts und berührt mit der rechten Hand die andere Markierung. Nach fünf Berührungen wird abgestoppt.
Bewertung:
Mädchen 100 Punkte = 5,0 Sek.
Jungen 100 Punkte = 4,5 Sek.
0,1 Sek. schneller = 2 Punkte mehr
0,1 Sek. langsamer = 2 Punkte weniger

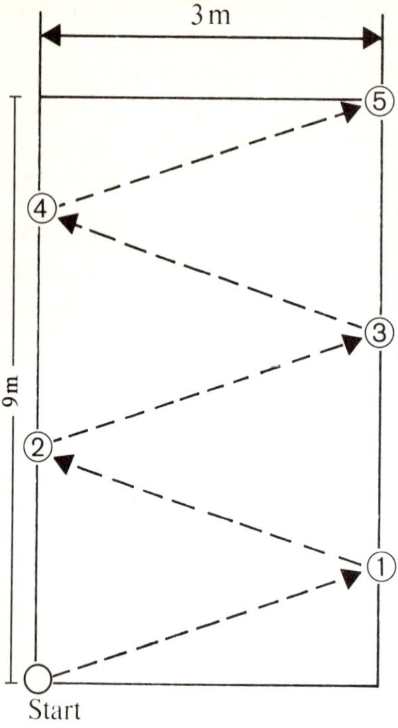

- Kleiner Zickzacklauf in der Angriffszone

Testbeschreibung: Der Spieler steht an der Seitenlinie, die linke Hand berührt den Schnittpunkt aus Angriffs- und Seitenlinie. Nach Signal läuft der Spieler los und berührt die vorgezeichneten Kreise mit der Hand. Nach Berührung des fünften Kreises wird abgestoppt.

Bewertung:
Mädchen 100 Punkte = 5,0 Sek.
Jungen 100 Punkte = 4,5 Sek.
0,1 Sek. schneller = 2 Punkte mehr
0,1 Sek. langsamer = 2 Punkte weniger

- 9-m-Sprint rückwärts

Testbeschreibung: Nach Kommando erfolgt der Sprint rückwärts von der Grundlinie des Volleyballfelds bis zur Mittellinie. Nach fünf Sprints werden die einzelnen Zeiten addiert.
Bewertung:
Jungen und Mädchen 100 Punkte = 20 Sek.
0,1 Sek. schneller = 2 Punkte mehr
0,1 Sek. langsamer = 2 Punkte weniger

2. Sprungkraft

- Reichhöhe im Stand

Voraussetzung für die Ermittlung der relativen Sprunghöhe eines Spielers ist die Feststellung seiner Reichhöhe im Stand.
Testbeschreibung: Der Spieler steht mit geschlossenen Beinen an der Wand, wobei die Zehenspitzen die Wand berühren. Mit dem Schlagarm greift er so hoch er kann; die Fersen bleiben an der Erde. Mit einem Kreidestrich wird die Reichhöhe am Ende des Mittelfingers an der Wand markiert und gemessen. Man kann an der Wand auch eine Skala anbringen.

- Reichhöhe im Sprung aus dem Anlauf

Testbeschreibung: Der Anlauf erfolgt im Dreierrhythmus, der Absprung erfolgt nach dem Stemmschritt beidbeinig. Das Ziel, dessen Höhe bekannt ist, wird mit Kreide versehen und ist vom Spieler mit dem Schlagarm zu berühren.
Der Abstand vom Kreideabdruck bis zur Mittelfingerspitze wird gemessen und zur bekannten Höhe des Zieles addiert.
Als markiertes Ziel kann je nach Sprungvermögen des Aktiven der Basketballring oder die Unterkante des Basketballbretts dienen.
Bewertung:

Mädchen	100 Punkte	= 3,10 m
Jungen	100 Punkte	= 3,40 m
je 1 cm höher		= 2 Punkte mehr
je 1 cm weniger		= 2 Punkte weniger

- Reichhöhe im Sprung aus dem Stand

Testbeschreibung: Es wird ebenso wie bei der Ermittlung der Sprunghöhe aus dem Anlauf verfahren. Der Absprung jedoch erfolgt aus nur einem Auftaktschritt.
Bewertung:

Mädchen	100 Punkte	= 3,00 m
Jungen	100 Punkte	= 3,30 m
je 1 cm höher		= 2 Punkte mehr
je 1 cm weniger		= 2 Punkte weniger

- Ermittlung der relativen Sprunghöhe

Testbeschreibung: Die relative Sprunghöhe eines Spielers wird rechnerisch ermittelt. Der Wert der Reichhöhe aus dem Stand wird von dem Wert der absoluten Sprunghöhe, das heißt der Reichhöhe im Sprung aus dem Anlauf, subtrahiert.

Bewertung:
Mädchen 100 Punkte = 90 cm Sprunghöhe
Jungen 100 Punkte = 100 cm Sprunghöhe
je 1 cm höher = 1 Punkt mehr
je 1 cm weniger = 1 Punkt weniger

3. Schlagkraft

- Medizinballweitwurf einarmig aus dem Stand

Testbeschreibung: Der Medizinball (2 kg) wird mit dem Schlagarm aus einer Grätschschrittstellung heraus von der Grundlinie des Volleyballfelds weit geworfen.
Gemessen wird der Abstand zwischen der Grundlinie und der Aufprallstelle des Medizinballs.
Bewertung:
Mädchen 100 Punkte = 9,0 m
Jungen 100 Punkte = 10,0 m
je 10 cm weiter = 1 Punkt mehr
je 10 cm weniger =1 Punkt weniger

- Medizinballweitwurf beidarmig aus dem Stand

Testbeschreibung: Die Durchführung erfolgt wie beim einarmigen Weitwurf, nur wird mit beiden Armen geworfen. Der Medizinball ist bei diesem Test 3 kg schwer.
Bewertung:
Mädchen 100 Punkte = 12,0 m
Jungen 100 Punkte = 14,0 m
je 10 cm mehr = 1 Punkt mehr
je 10 cm weniger = 1 Punkt weniger

- Medizinballweitwurf im Sprung aus dem Anlauf

Testbeschreibung: Der Spieler nimmt Anlauf und springt vor einer Markierung mit einem Bein ab. Er darf in den Wurfsektor hineinspringen und wirft beidarmig im Sprung. Der Medizinball ist 3 kg schwer.
Bewertung:
Mädchen 100 Punkte = 16,0 m
Jungen 100 Punkte = 20,0 m
je 10 cm weiter = 1 Punkt mehr
je 10 cm weniger = 1 Punkt weniger

Tests im Bereich der Technik

1. Zielgenauigkeit des oberen Zuspiels

- Zielgenauigkeit an der Wand

Testbeschreibung: An der Wand ist in einer Höhe von 2,0 m ein Quadrat von 1,5 m angezeichnet. Vor der Wand befindet sich im Abstand von 2,0 m eine Turnbank. Der Spieler steht vor der Bank und pritscht den Ball ohne Pause 30mal in das Quadrat. Trifft der Spieler das Quadrat nicht, wird weitergespielt und gewertet; spielt er von unten zu, so wird dies mitgezählt, jedoch nicht gewertet. Bei Unterbrechung ist der Test beendet.

Bewertung:

je Treffer im Quadrat	= 4 Punkte
je Spiel außerhalb des Quadrats	= 2 Punkte

- Zielgenauigkeit am Basketballkorb

Testbeschreibung: Der Spieler steht vor einer Turnbank, die in einem Abstand von 4 m vor dem Basketballbrett aufgestellt ist. Er hat 30 Versuche, den Ball ohne Brettberührung durch den Korb zu pritschen.

Bewertung:

je Treffer	= 4 Punkte
je Ringberührung	= 3 Punkte
Brettberührung und Treffer	= 1 Punkt

- Zielgenauigkeit am Basketballkorb rückwärts

Testbeschreibung: Der Test wird wie oben durchgeführt, nur muß der Spieler jetzt mit dem Rücken zum Korb stehen. Der Abstand von der Bank zum Korb ist auf 2 m reduziert.

Bewertung:

je Treffer	= 4 Punkte
je Ringberührung	= 3 Punkte
Brettberührung und Treffer	= 1 Punkt

2. Zielgenauigkeit des unteren Zuspiels

- Zielgenauigkeit an der Wand

Testbeschreibung: Ein 2 mal 2 m großes Quadrat ist in einer Höhe von 2 m aufgezeichnet. Im Abstand von 1,5 m von der Wand ist eine Turnbank aufgestellt. Von hier aus versucht der Spieler, den Ball 30mal hintereinander beidarmig in das Quadrat zu baggern.

Wichtig ist, daß die 30 Spiele ohne Pause durchgeführt werden. Bei Unterbrechung ist der Test beendet.

Bewertung:

je Treffer im Quadrat beidarmig = 4 Punkte
je Treffer im Quadrat einarmig = 3 Punkte
je Spiel außerhalb des Quadrats beidarmig = 2 Punkte
je Spiel außerhalb des Quadrats einarmig = 1 Punkt

- Zielgenauigkeit bei der Ballannahme geworfener Bälle

Testbeschreibung: Auf der Position III im Angriffsraum befindet sich eine Turnmatte auf einem 1,80 m hohen Kasten. Der Spieler steht auf Position VI. Von Position vorgezogene VI der anderen Seite wirft ein Spieler einen Ball. Der Spieler auf Position VI versucht, im beidarmigen Bagger den Ball auf die Matte zu spielen.

Bewertung:

je Treffer = 4 Punkte
streift der Ball die Matte = 3 Punkte
je Annahme hoch in dem 3-m-Raum = 2 Punkte

- Zielgenauigkeit bei der Ballannahme nach Aufgabe

Testbeschreibung: Wie oben, nur steht der Kasten mit der Matte jetzt auf der Läuferposition. Der Spieler muß je 10 Aufgaben auf den Feldern A, B und C so annehmen, daß der Ball zur Matte gelangt (siehe Abbildung unten).

Bewertung:

je Treffer = 4 Punkte
streift der Ball die Matte = 3 Punkte
je Annahme hoch in den 3-m-Raum = 1 Punkt

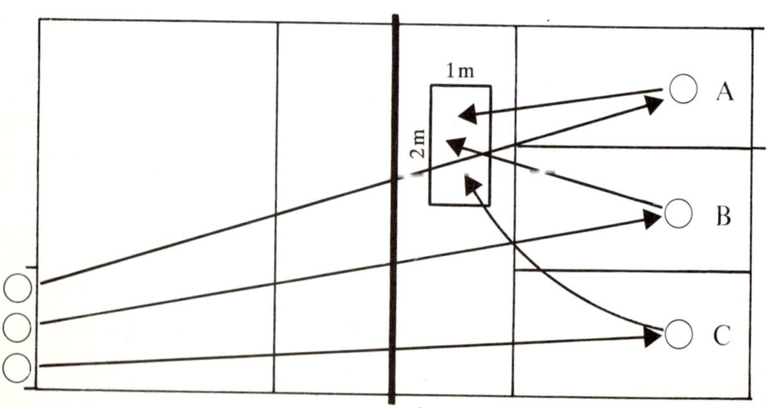

3. Zielgenauigkeit des Angriffsschlags

- Zielgenauigkeit des Diagonalangriffs

Testbeschreibung: Der Spieler schlägt von der Position IV einen von Position III kommenden Paß auf die lange Diagonale. In der Ecke liegt eine Turnmatte 0,5 m von der Seiten- und 0,5 m von der Grundlinie entfernt.
Der Spieler muß 15mal hintereinander versuchen, die Matte zu treffen. Nach 15 Versuchen schlägt er 15 Bälle auf die Matte der kurzen Diagonale. Nach insgesamt 30 Angriffen wird die Trefferzahl addiert.

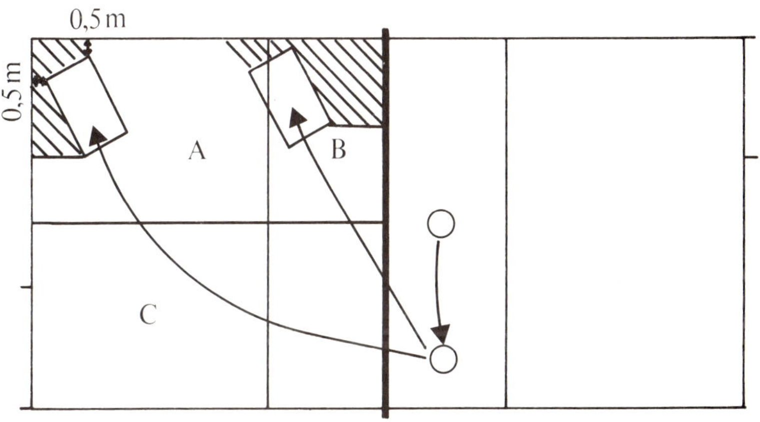

Bewertung:

je Treffer auf der Matte	= 4 Punkte
je Treffer im schraffierten Feld	= 3 Punkte
je Treffer im Feld A und B	= 2 Punkte
je Treffer im Feld C	= 1 Punkt

- Zielgenauigkeit des Linienangriffs

Testbeschreibung: Der Spieler greift von der Position IV aus linear an. Im Hinterfeld liegt im Abstand von 0,5 m zur Grund- und Seitenlinie eine Turnmatte. Nach 15 Angriffsschlägen auf diese Matte erfolgen 15 Angriffsschläge auf die vordere Matte, die zur Hälfte auf der Angriffslinie liegt (siehe Abbildung Seite 174 oben).

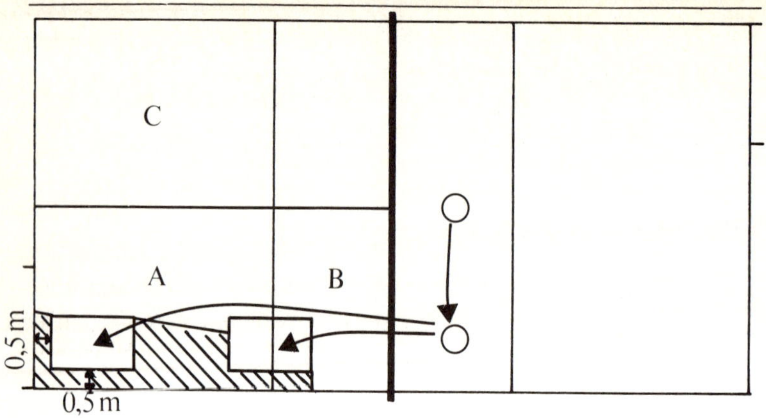

Bewertung:

je Treffer auf der Matte	= 4 Punkte
je Treffer im schraffierten Feld	= 3 Punkte
je Treffer im Feld A und B	= 2 Punkte
je Treffer im Feld C	= 1 Punkt

- Zielgenauigkeit des Diagonal- und Linienangriffs

Testbeschreibung: Der Spieler führt seine Angriffe wie oben aus. Die Matten sollen als Trefferzonen für die Diagonal- und Linienangriffe dienen. Sie sind jeweils 15mal hintereinander zu treffen.

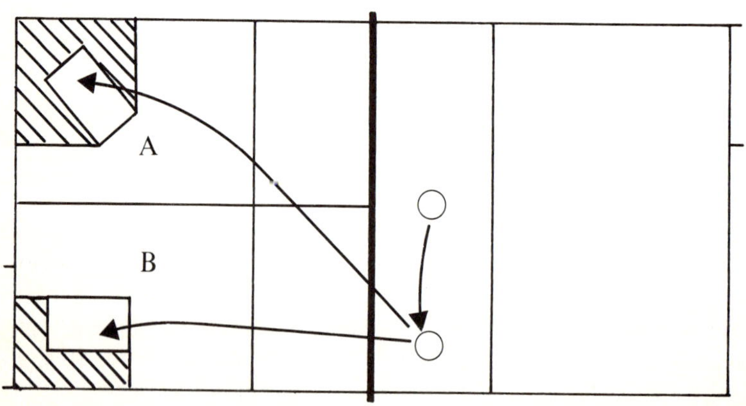

Bewertung:

je Treffer auf der Matte	= 4 Punkte
je Treffer im schraffierten Feld	= 3 Punkte
je Treffer im Feld A und B	= 2 Punkte

4. Zielgenauigkeit der Aufgabe

• Zielgenauigkeit der weiten Aufgabe

Testbeschreibung: Das hintere Drittel der gegenüberliegenden Spielfeldseite wird als Zielfelder markiert. Der Spieler schlägt je 10 Aufgaben hintereinander in das Feld A, B und C.

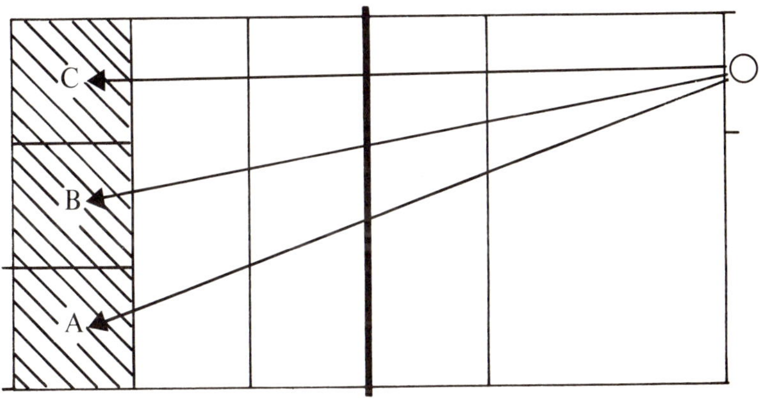

Bewertung:

je Treffer	= 4 Punkte
je Treffer im Nachbarfeld	= 2 Punkte

• Zielgenauigkeit der kurzen Aufgabe

Testbeschreibung: Wie oben, nur sind die Zielfelder im 3-m-Raum der gegenüberliegenden Feldseite markiert.

Bewertung:

je Treffer	= 4 Punkte
je Treffer im Nachbarfeld	= 2 Punkte

- Zielgenauigkeit der Schwerpunktaufgabe

Testbeschreibung: Das gegenüberliegende Feld ist in drei Trefferzonen eingeteilt. Der Spieler schlägt hintereinander je 10 Aufgaben in das Feld A, B und C. Gewertet werden nur die Treffer.

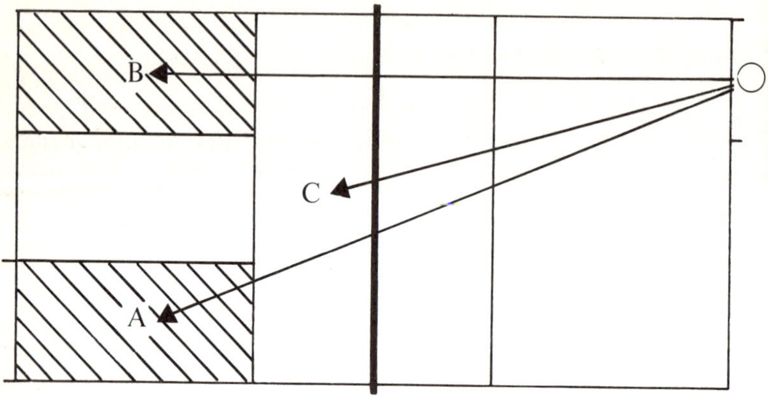

Bewertung:
je Treffer = 4 Punkte

5. Tests für Gruppen- und Mannschaftshandlungen

- Test für eine Dreiergruppe

Testbeschreibung: Ein Spieler schlägt vom Aufgaberaum aus 30 Aufgaben zum Spieler auf Position V der gegenüberliegenden Seite. Dieser baggert zum Zuspieler auf Position III. Es erfolgt ein hoher Paß zur Position IV. Der Spieler, der die Aufgabe annahm, muß den gestellten Ball *ohne Fehler* auf ein Ziel schlagen.
Das Ziel ist eine markierte Fläche von 3 mal 6 m zwischen der Grund-, Angriffs- und Seitenlinie auf der Position I (siehe Abbildung Seite 177 oben).
Es wird die gesamte Gruppe bewertet.

Bewertung:
je Treffer = 4 Punkte
je Handlung ohne Fehler und ohne Treffer = 3 Punkte

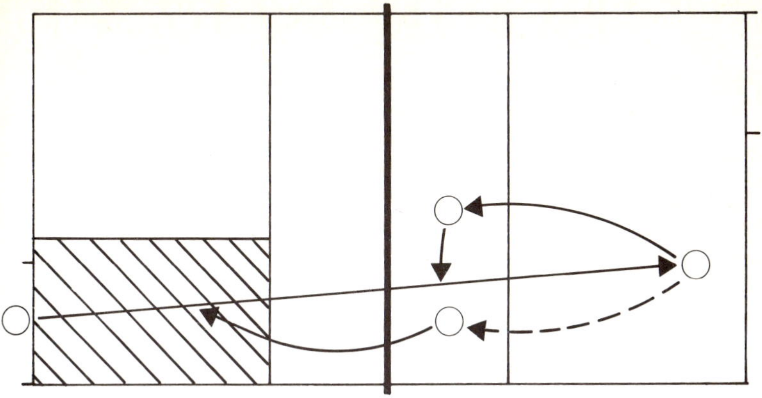

• Test für eine Vierergruppe

Testbeschreibung: siehe Dreiergruppe, nur muß der Spieler angreifen, der nicht angenommen hat. Wenn die Annahmeposition VI ist, erfolgt ein Angriff aus einem hohen Paß auf Position IV für den Spieler von Position V; ist die Annahmeposition V, erfolgt der Angriff von der Position III.

• Test für eine Fünfergruppe

Testbeschreibung: Der Aufgabespieler schlägt beliebig 30 Aufgaben auf die Spieler der Positionen I, VI und V. Diese nehmen die Aufgaben an und spielen sie zum Läufer.

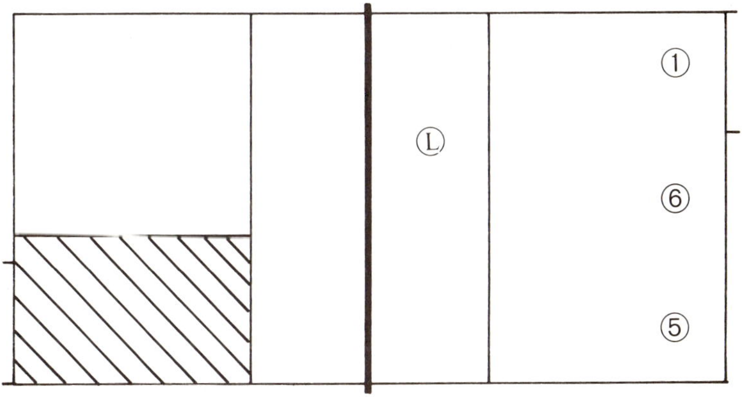

Der Läufer spielt in folgender Reihenfolge zu:
1. einen hohen Paß zur Position IV,
2. einen kurzen oder ‹Meterball› zur Position III,
3. einen hohen od. halbhohen Paß zur Position II.

Jeder Angreifer muß den Ball *ohne Fehler* in die markierte Zone schlagen.

Bewertung:
je Treffer = 4 Punkte
je abgeschlossene Angriffshandlung = 3 Punkte

• Test für eine Mannschaftshandlung

1. Testbeschreibung: Nach Anpfiff erfolgt die Aufgabe auf einen beliebigen Spieler der anderen Seite des Spielfeldes. Dieser spielt den Ball zum Zuspieler auf der Position III. Von hier aus erfolgt ein Paß zum Spieler auf Position II oder IV. Diese müssen die Mannschaftshandlung durch einen fehlerfreien Angriff in das markierte Feld abschließen.

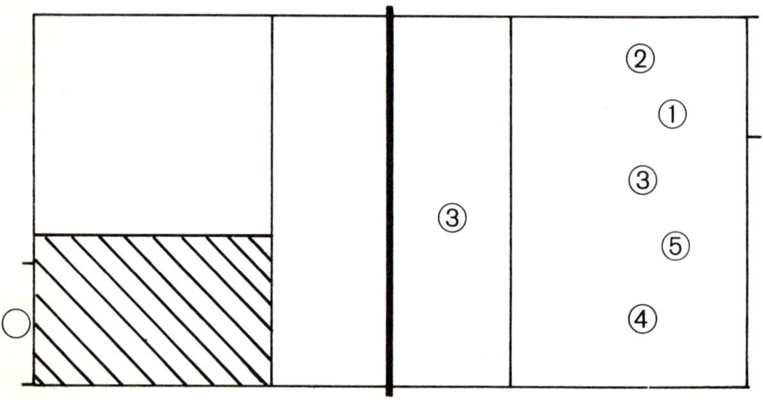

Bewertung:
je Treffer im markierten Feld = 4 Punkte
je abgeschlossener Angriff ohne Fehler = 3 Punkte

2. Testbeschreibung: Der Test wird wie oben durchgeführt, nur muß das Zuspiel aus der Position des Läufers erfolgen und in folgender Reihenfolge ausgeführt werden:

1. hoher Paß zur Position IV,
2. kurzer oder aufsteigender Paß zur Position III,
3. halbhoher oder hoher Paß zur Position II,
4. hoher Paß zur Position IV usw.

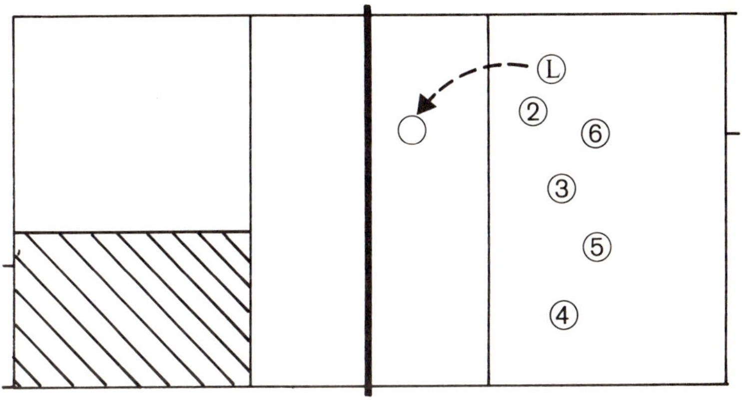

Bewertung:

je Treffer	= 4 Punkte
je Abschluß der Handlung ohne Fehler, aber ohne Treffer	= 3 Punkte

Mit der nachstehenden *Bewertungstabelle* hat der Sportlehrer und Übungsleiter die Möglichkeit, Leistungen zu werten. Es soll erstmals der Versuch unternommen werden, eine Norm aufzustellen, um die in den verschiedenen Bereichen des Trainings erzielten Leistungen einzuordnen.

Die Bewertungstabelle enthält die gemittelten Werte der gesamten Tests.

Nimmt man die Tabelle für die Bewertung eines Volleyballspielers zur Hilfe, ist es sinnvoll, mehrere Tests aus den Bereichen der allgemeinen und speziellen Konditionierung sowie der Technik

Bewertungstabelle

		14 bis 16 JAHRE									16 bis 18 JAHRE									ERWACHSENE								
		allgemeine Kondi-tionierung			spezielle Kondi-tionierung			Technik			allgemeine Kondi-tionierung			spezielle Kondi-tionierung			Technik			allgemeine Kondi-tionierung			spezielle Kondi-tionierung			Technik		
		Trainingsjahr 1	2	3	Trainingsjahr 1	2	3	Trainingsjahr 1	2	3	Trainingsjahr 1	2	3	Trainingsjahr 1	2	3	Trainingsjahr 1	2	3	Trainingsjahr 1	2	3	Trainingsjahr 1	2	3	Trainingsjahr 1	2	3
Bewertung von «sehr gut» bis «mangelhaft»	sehr gut	70 bis 60	80 bis 70	90 bis 80	65 bis 55	75 bis 65	85 bis 75	60 bis 50	70 bis 60	80 bis 70	75 bis 65	85 bis 75	95 bis 85	70 bis 60	80 bis 70	90 bis 80	70 bis 60	80 bis 70	90 bis 80	80 bis 70	90 bis 80	100 bis 90	75 bis 65	85 bis 75	95 bis 85	80 bis 70	90 bis 80	100 bis 90
	gut	59 bis 50	69 bis 60	79 bis 70	54 bis 45	64 bis 55	74 bis 65	49 bis 40	59 bis 50	69 bis 60	64 bis 55	74 bis 65	84 bis 75	59 bis 50	69 bis 60	79 bis 70	59 bis 50	69 bis 60	79 bis 70	69 bis 60	79 bis 70	89 bis 80	64 bis 55	74 bis 65	84 bis 75	69 bis 60	79 bis 70	89 bis 80
	befriedi-gend	49 bis 35	59 bis 45	69 bis 55	44 bis 30	54 bis 40	64 bis 50	39 bis 25	49 bis 35	59 bis 45	54 bis 40	64 bis 50	74 bis 60	49 bis 35	59 bis 45	69 bis 55	49 bis 35	59 bis 45	69 bis 55	59 bis 45	69 bis 55	79 bis 65	54 bis 40	64 bis 50	74 bis 60	59 bis 45	69 bis 55	79 bis 65
	aus-reichend	34 bis 15	44 bis 25	54 bis 35	29 bis 10	39 bis 20	49 bis 30	24 bis 10	34 bis 20	44 bis 30	39 bis 20	49 bis 30	59 bis 40	34 bis 15	44 bis 25	54 bis 35	34 bis 20	44 bis 30	54 bis 40	44 bis 25	54 bis 35	64 bis 45	39 bis 20	49 bis 30	59 bis 40	44 bis 30	54 bis 40	64 bis 50
	mangel-haft	14 bis 5	24 bis 15	34 bis 25	9 bis 1	19 bis 10	29 bis 15	9 bis 1	19 bis 10	29 bis 20	19 bis 10	29 bis 20	39 bis 30	14 bis 10	24 bis 15	34 bis 20	19 bis 10	29 bis 20	39 bis 30	24 bis 10	34 bis 15	44 bis 20	19 bis 10	29 bis 20	39 bis 25	29 bis 20	39 bis 30	49 bis 40

durchzuführen und die Werte zu mitteln. Der Bereich von 80 bis 100 Punkten enthält Werte aus dem Spitzensport; die anderen Werte sind daraus abgeleitet oder im Schulsport ermittelt worden.
In der Tabelle konnten Jungen und Mädchen zusammengefaßt werden, da die Punktegebung schon bei den einzelnen Tests differenziert wurde. Die Bewertung von «sehr gut» bis «mangelhaft» sollte nur als Richtlinie aufgefaßt werden, um die Leistung überhaupt einzuordnen.
Im Anfängerbereich der Gruppen- und Mannschaftshandlungen sollten die Tests nicht bewertet werden, da ein ausreichender Ausbildungsstand für diesen Testbereich noch nicht erreicht ist.

Anhang

Anschriften

Geschäftsstelle des Deutschen Volleyball-Verbandes e.V. (DVV)

Deutscher Volleyball-
Verband e. V.
Generalsekretär: Lutz Endlich
Geschäftsführerin: Maria-
Angela Hierl
Otto-Fleck-Schneise 12
60528 Frankfurt/Main
Postfach 71 02 48 (Postanschrift)
60492 Frankfurt/Main
Tel. 069/69 5001-0
Fax 069/69 50 01 24

Landesverbände

Bayern

Bayerischer Volleyball-
Verband (BVV)
Geschäftsstelle: Haus des
Sports
Horst Peters, Gaby Dahmen
Georg-Brauchle-Ring 93
80992 München
Postfach 50 01 20 (Postanschrift)
80971 München
Tel. 089/15 702-305/-306
Fax 089/15 70 23 07

Berlin

Volleyball-Verband
Berlin (VVB)
Geschäftsstelle: Horst-Korber-Sportzentrum
Wolfgang Heinrich
Glockenturmstraße 3 + 5
14053 Berlin
Tel. 030/30006182
Fax 030/30006183

Brandenburg

Brandenburgischer Volleyball-Verband (BVV)
Geschäftsstelle: Ines Bronder
Dresdener Straße 18
03050 Cottbus
Tel. 0355/472894

Bremen

Bremer Volleyball-Verband (BVV)
Geschäftsstelle: Haus des Sports
Eduard-Grunow-Straße 30
28203 Bremen
Tel. 0421/71040
Fax 0421/72190

Hamburg

Hamburger Volleyball-Verband (HVbV)
Geschäftsstelle: Gerd Griem
Haus des Sports
Schäferkampsallee 1
20357 Hamburg
Tel. 040/41908240
Fax 040/452190

Hessen

Hessischer Volleyball-Verband (HVV)
Geschäftsstelle: Hildegard Aumüller
Schönhofstraße 4-8
60487 Frankfurt/Main
Tel. 069/7074167
Fax 069/7074136

Mecklenburg-Vorpommern

Volleyballverband Mecklenburg-Vorpommern (VMV)
Geschäftsstelle: Horst Rickert
Justus-von-Liebig-Straße 32
19063 Schwerin
Tel. 0385/275234
Fax 0385/275234

Niedersachsen

Niedersächsischer Volleyball-Verband (NVV)
Geschäftsstelle: Klaus Naretz
Maschstraße 20
30169 Hannover
Tel. 0511/800102
Fax 0511/800104

Nordbaden

Nordbadischer Volleyball-Verband (NVV)
Geschäftsstelle: Holger Schell
Erlenweg 22
69124 Heidelberg
Tel. 06221/314222
Fax 06221/314021

Nordrhein-Westfalen

Westdeutscher Volleyball-
Verband (WVV)
Geschäftsstelle:
Christel Henze
Brücherhofstraße 13
44263 Dortmund
Tel. 0231/462009
Fax 0231/462046

Rheinland-Pfalz

Volleyball-Verband
Rheinland-Pfalz (VVRP)
Werner Schaus
Wörthstraße 13
67549 Worms
Tel. 06241/76106 (p),
06201/63076 (d)
Fax 06241/75561 (p)

Saarland

Saarländischer Volleyball-
verband (SVV)
Geschäftsstelle: Herr Keller,
Frau Brill
Haus des Sports
Saaruferstraße 16
66117 Saarbrücken
Tel. 0681/58603-47/-54
Fax 0681/5860348

Sachsen

Sächsischer Sportverband
Volleyball (SSVB)
Geschäftsstelle: Horst Schiepe
Leplaystraße 11
04103 Leipzig
Tel. 0341/281623
Fax 0341/293736

Sachsen-Anhalt

Volleyball-Verband
Sachsen-Anhalt (VVSA)
Geschäftsstelle: Bernd
Traunsberger
M.-Gorki-Straße 12
06114 Halle
Tel. 0345/503680

Schleswig-Holstein

Schleswig-Holsteinischer
Volleyball-Verband (SHVV)
Geschäftsstelle: Beselerallee 67
24105 Kiel
Tel. 0431/5792618
Fax 0431/5792619

Südbaden

Südbadischer Volleyball-
verband (SbVV)
Geschäftsstelle: Klaus-Dieter
Lange
In den Kirchenmatten 52
79110 Freiburg
Tel. 0761/808359
Fax 0761/808359

Thüringen

Thüringer Volleyball-
verband (TVV)
Geschäftsstelle: Bernd
Melchers
Körnerstraße 12
99099 Erfurt
Postfach 404 (Postanschrift)
99008 Erfurt
Tel. 0361/4233807,
0161/5320067
Fax 0361/4233807

Württemberg

Volleyball-Landesverband
Württemberg (VLW)
Geschäftsstelle: Michael Müller
In der Au 13
72622 Nürtingen
Tel. 07022/35953,
07022/36237
Fax 07022/35963

Literaturhinweise

Beutelstahl, D.: richtig volleyballspielen. München, Wien, Zürich 1980

Beutelstahl, D.: richtig volleyballspielen (blv-sportpraxis). München 1980

Blume G./Lange K.: Volleyball und Handball, Übungsformen für Schulen und Vereine. Reinbek bei Hamburg 1979

Blossfeld, E.: Volleyball, 333 praktische Übungen. Frankfurt/Main. 1977

Brettschneider, W.-D./Westphal, G. u. U.: Das Volleyballspiel. Ahrensburg 1976

Bucher, W. (Hg.): Tausendundfünf Spiel- und Übungsformen im Volleyball. Schorndorf 1988

Christmann, E.: Volleyball lehren und lernen. Ahrensburg 1983

Christmann, E./Fago, K. (Hg.) Volleyball-Handbuch. Reinbek b. Hamburg 1989

Drauschke, K. u. a.: Der Volleyballtrainer. München 1987

Dürrwächter, G.: Volleyball. Spielend lernen – Spielend üben. Schorndorf 1987

Fiedler, M.: Volleyball. Berlin 1978

Fröhner, B.: Spiele für das Volleyballtraining. Berlin 1988

Götsch, W./Papageorgiou, A./Tiegel, G.: Mini-Volleyball. Berlin 1980

Gorski, J./Krieter, U.: Volleyball – Technik, Taktik, Training, Kondition. München, Wien, Zürich 1982

Herzog, K./Voigt, H.-F./Westphal, G.: Volleyballtraining. Schorndorf 1987

Iwoilow, A. W.: Volleyball – Biomechanik und Methodik. Berlin 1984

Kobrle, J./Neuberg, E.: Taktik des Volleyballspiels I. Schorndorf 1986

Kobrle, J./Neuberg, E./Olivier, N.: Taktik des Volleyballspiels II. Schorndorf 1986

Kobrle, J./Neuberg, E./Ollvier, N.: Taktik des Volleyballspiels. Schorndorf 1990

Medler, M.: Volleyball. Teil I. Hinführung durch Kleinfeldspiele. Neumünster 1986

Medler, M.: Volleyball. Teil II. Neumünster 1986

Papageorgiou, A./Spitzley, W.: Volleyball – vom Mini-Volleyballspieler zum Universalisten. Berlin 1989

Volleyball-Kartotheken

1. Ausdauerschulung mit Ball. Münster 1988
2. Aufschlag und Annahme. Münster 1986
3. Aktionsschnelligkeit optimieren. Münster 1987
4. Zuspiel. Münster 1989

Sachregister

Abwehrhandlungen, individuelle 132
Abwehrriegel 138
Abwehrspieler 124, 125
Abwehrsystem ohne Block 138
– mit Dreierblock 146
– mit Einerblock 139
– mit Zweierblock 141
Angriffslinie 12
Angriffssysteme 132f
Angriff 95
Angriffsblock 132
Angriffsschlag 95
Angriffssicherung 132
Angriffszone 12, 15
Angstgegner 158, 160
Annahme 86, 158
Annahmeriegel 86, 95
Annahmespieler 148, 149
Anschreiber 16, 155
Antenne 15
Antennenberührung 16
Antennenstäbe 12
Arbeitstraining 159
Armhaltung 60
Athletik 18
Aufgabe 14, 16, 78
Aufgaberaum 12, 14
Aufgaberecht 86
Aufgabespieler 157
Aufstellungskarten 155
Aufstellungswechsel 14
Ausdauer 27
Ausdauerleistung 35
Ausdauertraining 34
Ausdauervermögen 35
Ausfallschritt 118
Ausgleichsport 9, 10
auswechseln 15, 156
Auswechselspieler 14, 157
Auszeit 16, 156, 158

Bagger 72, 117
–, beidarmiger 72
–, einarmiger 72
Ball 13
Ballberührung 15
Ballgewinn 12
Bekleidung 11, 13
Belastungsstöße 25
Beweglichkeit 27
Block 102, 125
–, aktiver 115
Blockarbeit 56
Blockberührung 15
Blockdeckung 132
Blockschatten 146
Blockspiele 56
Blockspieler 95, 103, 115, 125, 128, 157

Circuittraining 35
Circuitprogramm 36
Coaching 156

Dauermethode 34
Diagonalangriff 54, 147, 150
Doppelblock 111, 112, 115, 132
Doppelschlag 77
Dreierblock 103, 132, 138

Einerblock 103, 106, 108, 112, 128, 138, 139
Einspielzeit 16

Fehler 16
Feldabwehr 72, 103, 115, 125, 153
Fingerhaltung 58, 70
Flatteraufgabe 78, 82, 85
Flugball 10
Freizeitbetätigung 11
Frontalaufgabe, obere 80, 85
–, untere 79, 85

Gegenangriff 153
Gewandtheit 27, 39, 46
Gewandtheitstraining 39, 46
Grundfeldspieler 14
Grundlagentraining 27
Grundlinie 12
Grundschnelligkeit 38
Gruppenhandlungen 132, 158

Handhaltung 59, 70
Hauptangreifer 128, 130, 157
Hechtbagger 119, 120
Hilfeleistung 155
Hilfslinie 12
Höchstleistung 18

Intervalltraining 35

Japan-Test 36

Kampfspiel 10
Karte, gelbe 16
–, rote 16
Kombinationsspiel 131
Konzentrationsfähigkeit 157
Kraft 27
Kraftausdauer 28, 40
Krafttraining 28, 159

Läufer 86
Läuferposition 86, 95
Läufersystem 132, 134, 136
Leistungshöhepunkt 24
Leistungskontrollen 163f
Linienangriff 54, 124, 147, 150
Linienrichter 16

Mannschaft 14
Mannschaftsaufstellung 17
Mannschaftsgespräch 161
Mannschaftshandlungen 132
Mannschaftskapitän 13
Mintonette 10
Mittellinie 12

Nahdeckung 145, 153
Nebenangreifer 128, 130
Netz 12
Netzberührung 16
Netzfeldspieler 14
Netzkantenhöhe 12
Netzspieler 134

Organisation 155

Paarsystem 132, 136
Paß 126
–, erster 132, 137
–, zweiter 132
Pässe, hohe 103, 128
Punkt 12, 15

Reaktionstraining 48
Rückschlagspiel 10

Schiedsgericht 16, 155
Schiedsrichter 12, 13, 16, 155, 156
Schlagkraft 39

Schlagkrafttraining 42
Schnelligkeit 27
Schnelligkeitstraining 38, 46
Schnellkraft 28, 40
Schwerpunktarbeit 25
Seitenlinie 12, 145
Selbstvertrauen 24
Spielberichtsbogen 16, 155
Spieldauer 15
Spielerpässe 155
Spielertyp 128
Spielerwechsel 16
Spielfeld 12
Spielfeldlänge 12
Spielhandlung, individuelle 131
Spielkonzeption 25
Spielmacher 128
Spielsysteme 131 f
Spielübersicht 115
Spielunterbrechung 155
Spitzenmannschaft 9
Spitzensport 9
Sprungabspiel 137
Sprungausdauer 42
Sprunghöhe 42
Sprungkraft 39
Sprungkraftentwicklung 42
Sprungkrafttraining 40
Sprungschnelligkeit 40
Stammspieler 24, 157
Stemmschritt 99, 104

Taktik 18
Technik 18
Techniktraining 57 ff
Tests 163 ff
Training, allgemeines athletisches 27
–, sportliches 18
Trainingsplanung 19
–, zyklische 19
Trainingsprogramme 9, 159
Trainingsumfang 25
Trainingsschwerpunkte 159
Turm 12

Übergangsperiode 19, 22
übertreten 16
Universalspieler 128
Unsportlichkeiten 16

Vervollkommnungsperiode 20
Volleyball-Verband, Deutscher 11
Vorbereitung, technisch-taktische 25
Vorbereitungsperiode 20, 22

Wettkampf 155
Wettkampfanlage 155
Wettkampfcharakter 11
Wettkampfhärte 158
Wettkampfperiode 20
Wettkampfvorbereitung 23
–, unmittelbare 23, 26

Zuspiel, im Abrollen 64
– im Fallen 71
– über den Kopf 62, 71
–, oberes 58
– der kurzen Pässe 63
–, unteres 72, 77, 86
– nach vorn 58, 70
Zuspielposition 132
Zuspieler 112, 120, 126, 128, 130, 132, 149, 151, 158
Zonenblock 132
Zweierblock 103, 138, 141, 153

Über den Verfasser

Günter Blume, Jahrgang 1942, war von 1959 bis 1969 aktiver Volleyballspieler in der DDR. Von 1969 bis 1970 trainierte er die 1. Damenmannschaft des Turn- und Sportclubs Berlin; von 1971 bis 1973 war er im Männerbereich tätig. An der DHfK Leipzig studierte er Sport. Ab 1973 trainierte er die Bundesliga-Herrenmannschaft des Hamburger Sport-Vereins, mit der er 1975 und 1977 Pokalsieger, 1976 und 1977 Deutscher Meister wurde. Heute trainiert er eine Volleyballmannschaft in Norderstedt. Nach einem erneuten Studium an der Universität Hamburg (Sport und Biologie) ist er als Studienrat an einer Hamburger Gesamtschule tätig. Hier beschäftigt er sich besonders mit dem Volleyball als Schulsport.

Ballspiele

Fußball-Funktionsgymnastik
von Karl-Peter Knebel / Bernd Herbeck / Gerhard Hamsen
(rororo sport 8631)

Fußball-Jugendtraining
von Gerhard Hamsen / Jörg Daniel
(rororo sport 8645)

Konditionstraining Fußball
von Norbert Auste
(rororo sport 8605)

Fußball
von Gero Bisanz / Gunnar Gerisch
(rororo sport 7039)

Spieltraining Fußball
von Rolf Mayer
(rororo sport 8674)

Jonglieren mit dem Fußball
von Mark Steiger
(rororo sport 9404)

Basketball-Handbuch
von G. Hagedorn / D. Niedlich / G. Schmidt
(rororo sport 7624)

Basketball-Technik
von G. Hagedorn
(rororo sport 8685)

Basketball
von Lothar Waldowski
(rororo sport 7023)

rororo sport

Volleyball-Handbuch
von E. Christmann / K. Fago / DVV
(rororo sport 7640)

Volleyball
von Günter Blume
(rororo sport 7011)

Handball
von Hans-Dieter Trosse
(rororo sport 7004)

Handball-Praxis
von Hans-Dieter Trosse
(rororo sport 8630)

rororo sport wird herausgegeben von Bernd Gottwald. Ein Gesamtverzeichnis der Reihe finden Sie in der *Rowohlt Revue*. Jedes Vierteljahr neu. Kostenlos. In Ihrer Buchhandlung.